ゴルフ

# 地面反力で＋20ヤード飛ばす！

吉田洋一郎 著
Yoshida Hiroichiro

池田書店

# はじめに

本書を手に取られたということは、おそらく貴方も、「もっと飛距離が欲しい」と願う、ゴルファーのひとりであると思います。ゴルフというゲームにおいて、「飛距離」というのは、最大の魅力のひとつです。しかし、であるからこそ、「飛距離が出ない」という悩みの深さ、絶望感ははかり知れません。

本書では、「地面反力」という力を利用して、誰にでも、簡単に飛距離が伸ばせる方法を説明しています。「地面反力」という言葉自体は、欧米のティーチングプロの間では、もはや常識となっていますし、日本のゴルフ界にも、だいぶ浸透してきた感がありますが、ではそれが一体どんなものなのかを、一般ゴルファーが理解する段階には、まだまだ至っていないのではないかと思います。よくある誤解は、「地面反力」は、一部のトッププロだけが使うことができる、「スペシャルテクニック」だと考えることです。一部のティーチングプロの中にも、そういう誤解を持ち、ゆえにアマチュアにも誤解される指導や言動をしている人がいます。最初に断言しますが、「地面反力」は、決して、特別な人だけが使える「裏ワザ」の類ではなく、ごく普通の人が、まるで呼吸をするように、ただ椅子から立ち上がるように、使うことができる力です。

「地面反力」を使ったスイングは、バイオメカニクス（生体力学）に基づいた、「理にかなった」動きを連ねたスイングです。理にかなった動きであるからこそ、体に負担がかからず、それでいて、最大限のスピードとパワーを引き出すことができる、正に理想のスイングと言えます。しかし、だからと言って、何か特別なことをするというわけではなく、私たちの体に元々備わっている機能を、より効率よく使ってやるだけ。そこが、「地面反力」の最大の長所でしょう。「地面反力」を使うことにおいては、これまでのゴルフ人生の中で積み重ねてきたものを、壊す必要は一切ありません。「地面反力」を使ったスイングというのは、従来のどんなスイング理論とも、矛盾したり、相反したりするものではありません。「これを試したら、明日から当たらなくなるかもしれない」といった不安を持っているとしたら、それは杞憂《きゆう》です。ですから、どうか安心して、「地面反力」を使ったスイングにトライしてみてください。もうひとつ、「地面反力」について誤解があるとすれば、それは、筋力や柔軟性などが一定以上必要で、いわゆる、フィットネスレベルの高い人だけが、恩恵を受けられるというものでしょう。これについても、最初にはっきりと否定しておきます。もちろん、筋力や柔軟性というのは、あるにこしたことはないですが、「地面反力」を使うということにおいては、「絶対に必要」というわけではありません。ですから、本書では、「トレーニング」や「ストレッチング」をあえてすすめることはしません。まずは、「地面反力」を感じて、使えるようになるということが大切で、それが上手くできないうちは、いくらトレーニングをしたところで、あまり効果がないからです。

本書で、私がいちばん伝えたいのは、「地面反力」を使うという技術論というよりも、伸び伸びとスイングして、爽快に飛ばすという、ゴルフ本来の楽しさに気づいてほしい、あるいは取り戻してほしいということです。初心者のうちは、スイングの形など気にしないで、とにかく一生懸命にクラブを振り、空中に打ち放たれるボールの放物線を見て、心がときめいたはずです。それがいつの間にか、「上手く当てたい」、「みっともないスイングはしたくない」といった制約が多くなり、自由に気持ちよく振れなくなっているのではないでしょうか。「地面反力」を使ったスイングは、極めて自然な体の使い方のため、どこかが「苦しい」とか、「キツい」というような、身体的制約がなく、いつでも気持ちよく振れます。スイングすること自体が気持ちいい、スイングに開放感のようなものを感じる、というのが、本書のゴールです。「飛距離が伸びる」というのは、それによって生じる副産物と考えてもいいほどです。では、いよいよ、「地面反力」の使い方を説明していきます。ですが、何も身構える必要はありません。また、必要以上に頑張らないでください。「地面反力」は、頑張らなくても十分に使えます。気持ちよく振って、20ヤード、あるいはそれ以上の飛距離アップを実現しましょう。

吉田洋一郎

CONTENTS

## 3章 「地面反力」の習得法②

## 4章 「地面反力」の習得法③
## 「常識」にとらわれず「自由」に振ってみよう 95

## 5章 「地面反力」の練習法

Chapter 1

# 1章

# 地面反力って何？

# 1 「地面反力」は誰でも簡単に使える「外部からの力」

## 「地面反力」って何？

おそらく、多くの読者の方は、「地面反力」という言葉を聞いたことがないか、あるいは、聞いたことはあっても、それが何を意味するのか、完全には理解していないのではないかと思います。

**「地面反力」（Ground Reaction Force）**というのは、バイオメカニクス（生体力学）の用語で、人（あるいは物体）が地面に働きかけた力に対して、地面のほうから同じだけの力で「押し返される」（反力）ことを意味します。こう書くと何だか難しいもののように感じますが、実際はとても単純で、実はすべての人が、日常的に「地面反力」を使って生活しています。

例えば、ただ普通に地面の上に「立っているだけ」で、「地面反力」は発生しています。もし、足元が地面ではなく、「水面」だったらどうなるでしょうか。当然、立っていることはできず、地球の重力の方向にずぶずぶと沈んでしまうはずです。つまり、私たちが地面の上に立つことができるのは、体重（にかかる重力）とまったく同じだけの力で、地面が私たちを「押し返して」くれているから、ということになります。これが、「地面反力」の正体です。

## 人間の「動き」に欠かせない「地面反力」

「歩く」という動作にも、「地面反力」は欠かせません。二足歩行の人間が歩くためには、左右の足を交互に出し続けなければいけませんが、もし、1歩踏み出した足に地面からの反力を受けられないとどうなるでしょうか。反力がないと、踏み出した足を「支点」にすることも、反対側の足で地面を「蹴って」体を前に運ぶこともできません。つまりは、1歩も歩くことはできないということです。このことは、つるつる滑る氷の上で歩くことを想像するとわかりやすいのではないかと思います。

日常生活の基本的な動作にさえ、これだけ「地面反力」は関わっているのですから、スポーツの動きにおいて、「地面反力」を無視することはできません。**プロ野球のピッチャーが、**

**150キロを超える剛速球を投げられるのも、「地面反力」のおかげです。あれだけのスピードボールを、筋力(内力)だけで投げることは不可能です。まず、地面に強い力をかけて、そこから跳ね返ってくる力(外力=地面反力)を利用して体をひねり、それを、腕を振る力に変換しているからこそ投げられるのです。**

野球だけでなく、テニスや卓球、バレーボールやバスケットボールといった、「地上」で行うスポーツのすべてで、「地面反力」は重要な役割を果たしています。もちろん、ゴルフも同じです。そして、「地面反力」は、トップアスリートだけが使える力ではありません。普段の生活で、誰もが無意識に使っているように、スポーツの場面でも、本来は「誰でも」、「簡単に」使える力なのです。

# 人間が歩けるのも「地面反力」のおかげ

人間が歩こうとして、足を1歩踏み出すと、踏み出した方向（斜め下）と正反対の向きの「地面反力」を受ける。と同時に、両足が際限なく広がってしまわないように力を入れると（ちょうど、脚立の足が広がらないためのストッパーをかけるイメージ）、反力の向きが変わり（加重、反力の方向とも、垂直になる）、それ以外にも複雑な動きの連動によって、「地面反力」を推進力に変換することができる

## 2 「地面反力」はツアープロの「ウルトラC」じゃない

**無意識に「地面反力」を使って打っているジュニアゴルファーたち**

具体的に、「地面反力」を使ったスイングがどういうものか理解するには、ジュニアゴルファーたちのスイングを観察するのがいいでしょう。子どもは大人よりも筋力的に劣っているので、外力(地面反力)をフルに活用しないと、重いゴルフクラブを、速く振ることができません。特徴的なのは、**インパクトからフォローにかけて、左足をぴんと伸ばして打っていることです。あるいは、左足だけでなく両足を伸ばして打つ子や、伸び上がる勢いが強すぎて、まるでジャンプしながら打っているような子もいます。**自分が働きかける力が大きくなるほど、「地面反力」は大きくなるので、ジャンプしてしまうほどの反力を受けてスイングしている子どもというのは、実は、それだけ強い力で地面を踏みしめているということになります。しかし、多くのジュニアたちは、それを意識してやっているわけではありません。クラブを「速く振ろう」として、本能的に「地面反力」を使って打っているだけなのです。

## 「地面反力＝難しい技術」という誤解が蔓延している

ツアープロの中にも、ジュニアと同じように、ジャンプするような下半身の使い方で大きな飛距離を出す選手がいます。米ＰＧＡツアーで活躍する、ブルックス・ケプカや、ジャスティン・トーマスなどは、その代表例でしょう。また、女子ツアーでは、ポーラ・クリーマーや、レクシー・トンプソンなどに、そうした特徴が見られます。ゴルフメディアでは最近、「地面反力」という言葉がかなり使われるようになってきて、こうしたトッププロのスイングを解説する際にも、よく使われています。しかし、現状では、「トッププロだからできること」、「地面反力＝トッププロのウルトラＣ」といった論調の記事も多いように感じます。これは、明らかな誤解です。

すでにご説明した通り、**動作の中に「地面反力」を使うことは、本来、極めて〝自然〟なことであり、誰にでもその能力は備わっています。**だからこそ、ジュニアゴルファーたちは、何も考えずに、「地面反力」を使って打つことができるわけです。つまり、トッププロがやっている、

「地面反力」を使ったスイングと同じ動きを、普通のアマチュアゴルファーができない理由は、何ひとつありません。もちろん、プロとアマチュアでは、体力、筋力の違いによって、絶対的な飛距離の差はありますが、その人が持つ、飛距離の最大ポテンシャルを引き出せるという点においては、まったく同じということです。

## フォローで下半身が伸びるのが「地面反力」を使っている証

ジュニアゴルファーによく見られる、フォローで「ジャンプ」するような下半身の使い方は、地面からの「反力」を受けて、それをスイングスピードに転嫁しているということ。同じ力を使えば、誰でもヘッドスピードをアップできる

# 3 「地面反力」は一種のコツのようなもの

## 「地面反力」を使うことは自転車に乗るのと似ている

ここまでの「地面反力」の説明を読んで、「ジュニアゴルファーたちでもできるのだから、大人の私たちにできないことはない」と考える人がいる一方で、「ジュニアゴルファーたちがやっていることなんて、感性や柔軟性が衰えてきている私たち大人にできるはずがない」と考えてしまう人も多いでしょう。繰り返しになりますが、私たちは日常的に「地面反力」を利用して生活していますし、ゴルフのスイングにおいても、「地面反力」を使えないという理由は存在しません。にもかかわらず、「地面反力」をほとんど使わずにスイングしている人が、多くいるのはなぜでしょうか。それは、**「地面反力」が、誰にでも使える力ではあるものの、実際にスイングの中で使うには、ちょっとしたコツが必要**となるからです。これは、例えると、自転車に乗れる人と乗れない人の違いのようなものです。

## 一度コツを覚えるとその後は「無意識」にできる

子どものころ、自転車に乗る練習をしているとき、最初は難しくても、ふとしたコツをつかんだ瞬間から、「なんだ、自転車なんて簡単だ」と思えるようになったはずです。

**「地面反力」を使ったスイングもこれと同じで、一度、コツをつかんでしまえば、その後はほとんど無意識にできるようになりますし、練習間隔が空いてしまっても、また「ゼロ」の状態に戻ってしまうということもありません。**ずっと乗っていなかった自転車に、大人になってから再び乗ったとしても、何の問題もなく乗りこなせるのと、まったく同じなのです。

自転車は一度乗れるようになると
死ぬまで乗り方を忘れない

「地面反力」を使えるようになることは、自転車に乗ることに似ている。自転車の乗り方にはコツがあるが、一度コツを覚えてしまえば、それを忘れることはない。また、コツを覚えるのに、「年齢」は関係ないところも同じだ

# 4 「地面反力」を使えば60歳からでも飛ばせる

## 筋力や柔軟性は飛ばしの「絶対条件」ではない

自転車に乗るのと同じように、一度、「地面反力」を使ってスイングするコツを覚えると、その後は継続的に「地面反力」を使えるようになります。また、大人になるまで自転車に乗ったことがない人でも、練習すれば必ず乗れるようになるのと同じで、**「地面反力」の使い方のコツも、大人になってから習得することは十分に可能です。**というのも、「地面反力」を使ったスイングというのは、単なる「コツ」ですから、筋力や柔軟性、ましてや年齢などとは関係がないからです。10歳でコツを覚える人もいれば、60歳でコツを覚える人もいるでしょう。ただ、共通していることは、コツを覚えた瞬間から、「地面反力」はずっと自分のものになるということです。

## 筋力で上がるのは飛ばしの「絶対値」

もちろん、筋力や柔軟性というのは、あればあるだけ飛ばしには役に立ちます。プロツアーのトップ選手が、300ヤードを超える飛距離を軽々と出せるのは、トレーニングによって作り上げた、強靭《きょうじん》な肉体のおかげです。しかし、そのことが、**「筋力があるから飛ばせる（＝筋力がなければ飛ばせない）」ということを意味しているのかというと、それは少し違います。**どんなゴルファーにも、自分の潜在能力（ポテンシャル）的に、飛ばすことのできる「最大飛距離」があります。欧米のプロ選手のように体格に恵まれていたり、トレーニングによって筋力を増強したりしていると、当然、最大飛距離の「絶対値」は上がります。つまり、ツアーのトッププロは、元々持っている最大飛距離の絶対値が高く、しかも、「地面反力」という、飛ばしの「コツ」もマスターしているので、超人的な飛距離を出すことができるということです。

## 「地面反力」を使えばアマチュアも自分の「最大飛距離」が出せる

では、普通のアマチュアゴルファーはどうかというと、よほど体格や筋力に恵まれた人でない限り、飛距離の「絶対値」では、プロと比較になりません。しかし、それは、プロのように、「300ヤードは飛ばすことができない」というだけであって、**その人が持っている、「最大飛距離を出す」ことは、いつでも可能**なのです。同じような体格なのに、180ヤードしか飛ばない人と、250ヤード以上飛ばす人の違いはそこにあります。ポテンシャル自体は同じでも、スイング効率の違いによって、飛距離に差が出てしまうわけです。つ

## 持っている力で最大飛距離を出す

「地面反力」を使って打つことにより、今、自分自身が持っている力を、最大限に発揮してボールを飛ばすことができるようになる。筋力や柔軟性は、あるにこしたことはないが、「地面反力」を使うだけなら、とくに必要はない

まり、効率のいいスイングのコツをつかめば、ほとんどの人が、今より飛距離を伸ばせる可能性が高いということで、たとえ、60歳からでも飛距離が伸ばせるという根拠もそこにあります。

## 90歳で220ヤード飛ばす人もいる

私はこれまで、いろいろなところで「地面反力」の使い方をレクチャーしてきましたが、その生徒の中にも、**90歳近い高齢にもかかわらず、飛距離を伸ばして、200〜220ヤード飛ばす人が何人もいます。**また、非常に筋力のある、60代の男性で、若いころは230ヤードくらい飛んでいたのに、急に150ヤードくらいしか飛ばなくなってしまったという人が、ほぼ1回のレッスンで、飛距離が回復したという例もあります。さらに、「地面反力」に関する私の著作や雑誌記事を読んで、「本を読んだだけで飛距離が伸びた」という、喜びのお手紙をいただくことも、しょっちゅうあります。

つまり、「地面反力」を使うことは、それくらい簡単で、飛距離アップの効果が高いということなのです。

## 「地面反力」を使ったスイングは体にやさしい

「地面反力」は、自分自身で発生させなければいけない、「内力」(筋力)ではなく、働きかけた分だけ返ってくる「外力」であるため、体への負担が極めて少ない。したがって、効率よく使えば、筋力的には不利な高齢者や、女性、子どもでも、楽に飛距離を伸ばすことができる

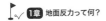

## 5 アマチュアのほうが飛距離の「伸びしろ」が大きい

### 「反力」を使わないのはブレーキを踏みながら走るのと同じ

「地面反力」を使った効率のいいスイングを、時速100キロで走行する自動車だとすると、反力を使っていない効率の悪いスイングというのは、同じく100キロのスピードが出るエンジンを積んでいながら、ブレーキを踏みながら60キロで走行しているようなものです。あるいは、整備不良で、60キロしか出ない状態のエンジンを積んでいるのかもしれません。いずれにしても、**スピードを阻害している要因（ブレーキや整備不良箇所）を取り除いてやれば、すぐにでも100キロで走行することが可能になる**ということです。

時速100キロで走れるはずの車が、60キロで走行しているということは、言い換えると、あと40キロもスピードの「伸びしろ」があるということになります。つまり、

**飛距離を伸ばすという作業は、100キロで走るエンジンを、200キロ出るエンジンに積み替えるのではなくて、今、積んであるエンジンで、性能通りのスピードを出すだけでいい**ということです。そうなると、ブレーキを余分に踏んでいる人（現状、体格に比して飛距離が出ていない人）ほど、飛距離の「伸びしろ」が大きいということにもなるわけです。プロは、アクセル全開のスピードで走っている状態なので、さらなる飛距離アップというのは、なかなか大変です。その点では、むしろアマチュアのほうが、飛距離アップは簡単なのです。

## アクセルとブレーキを両方踏むとスピードは出ない

「地面反力」を上手く使ったスイングは、加速効率がいい乗用車と同じ。少ない力でアクセルを踏み込んでも、十分なスピードが出る状態。これに対して、「地面反力」を使えていないスイングは、アクセルと同時にブレーキを踏み込んでいるのと同じ状態で、スピードが出ないのも無理はない

## 6 「気持ちよく振れる」のが最良のスイング

### 体の動きに制約を感じずに振りたい

さて、いよいよ次章から、実際に「地面反力」を使ってスイングする方法について説明していきますが、ひとつだけ、心にとどめておいてほしいことがあります。それは、**「地面反力」を使って振るのは、「気持ちよく振る」、あるいは「開放感を感じながら振る」ということが、最終的な「目的」**だということです。

これまでのゴルフの「常識」的に言えば、例えば、トップで強く体を「ねじる」といったように、体の動きに何か制約を感じるほうが、「いいスイング」ととられがちでした。「地面反力」を使ったスイングは、体のどこにも負荷がかからない、自然なスイングですので、今まで感じてきたスイングの「キツさ」に慣れている人にとっては、何か「物足りない」という感じがするかもしれません。

## 「開放感」のあるスイングが理想

振っていて「気持ちがいい」、「開放感がある」というスイングでなければ、長くゴルフを楽しむことはできない。「地面反力」を使ってスイングする最大のメリットは、体に負担をかけずに、気持ちよく振れて、しかも飛距離を出せること

## 楽に振れるから「生涯」楽しめる

しかし、よく考えてみてください。仮に、1回振るたびに、体のどこかに負荷がかかるスイングで、1ラウンドプレーしたらどうなるでしょうか。あるいは、ツアーを転戦するプロたちが、そういうスイングで4日間、72ホールのプレーを、毎週続けられるでしょうか。

体の動きに制約がない、体に負荷がかからないというのは、ゴルフを楽しむ上でいちばん大事な要素であり、いいスイングの第一条件だと、私は思います。また、そうでなければ、ゴルフを「生涯スポーツ」と呼ぶことはできません。

ですから、**「何が何でも飛ばすんだ」と力まずに、「振っていて楽しいな」、「このスイングだと楽だな」と感じながら、「地面反力」の練習に取り組んでもらえる**と幸いです。

Chapter 2

# 2章

# 「地面反力」の習得法①

## 地面反力を使う準備をしよう

# 1 どんなスポーツでも基本になる「運動連鎖」とは？

## 動く順番が正しくないと小さな力しか使えない

具体的に、「地面反力」の練習に入る前に、どうしてもやっておかなければいけないことがひとつあります。それは、**スイングの動きの「順番」を整える**ということです。体の各部を、正しい順序で動かせるようにしておく、と言い換えてもいいでしょう。**野球のピッチャーが、いちばん速く動かしたいのは指先ですが、そのためには、上げた足を下ろし、腰を回し、続いて胸を回し、その勢いで腕を振り、ひじ、手首と力が伝わっていかなければいけません。これを、「運動連鎖」と呼びます。**

動きの末端部分（この場合、指先）を最大限に加速するためには、その末端部分が最後に動くように、足元から順番に動きを連鎖させていかなければいけないということです。足をまっ

# 足から動きが始まって
# 増幅して末端に伝わる

プロ野球のピッチャーの投球フォームを見ると、まず足を踏み出し、股関節、胸、肩、腕と運動が「連鎖」していき、末端の「手」が最後に動く。動きが伝わっていく間にスピードが増幅され、時速１５０キロを超える速球が投げられる

踏み出した左足から上半身に向かって動きが連鎖していく

たく動かさずに、腕だけをいくら速く振っても、当然、150キロのスピードボールを投げることは不可能です。もちろん、野球だけでなく、テニスやバドミントンのスマッシュ、バレーボールのスパイクなどの動きにおいても、「運動連鎖」が大事なことは、言うまでもありません。

## 「運動連鎖」がヘッドを最大加速させる

ゴルフで言えば、いちばん加速させたいのは、もちろん最末端部分である「クラブヘッド」です。ということは、やはり、投球動作をはじめとする、他のスポーツの動きと同じように、足、腰、胸（上半身）、腕、と順番に動きを連鎖させていって、最後にクラブが動くようなスイングでないと、ヘッドの最大加速は得られません。

**多くのアマチュアは、この「運動連鎖」の順番を無視して、切り返しで本来最初に動くべき、「足」以外の部分（上体、腕、クラブなど）から動かそうとしてしまうために、思うようにヘッドを加速させられず、しかも、スイング軌道が不安定になる**などの問題をかかえているのです。

## 2 「運動連鎖」がない動きはクラッチを切った状態

### 動きの「回路」がつながっているかどうか

プロのスイングを見ると、実際はものすごいスピードで振っているにもかかわらず、印象としては「静か」で、どこにも力が入っていないように感じることが多いのではないでしょうか。そう見えるのも、「運動連鎖」がきちんと働いているおかげです。

ゴルファーが、どれくらいのパワーを持っているか、つまり、どんな排気量のエンジンを積んでいるかというのは、もちろん個人差がありますが、大事なのは**エンジンの「大きさ」ではなくて、どのくらいの「出力」を出せるかということ**です。3000ccのエンジンを積んでいても、軽自動車並みの出力しか出せないのであれば、意味がありません。そして、「出力アップ」にいちばん影響が大きいのが、「運動連鎖」なのです。「運動連鎖」とは、脳と体をつなぐ、動きの「回路」

と言い換えてよく、「運動連鎖」のあるスイングは、その「回路」がつながっている状態、「運動連鎖」のないスイングは、残念ながら、「回路」が切れている状態ということになります。

## まずはエンジンを始動することから

運動の「回路」が切れているスイングは、まだエンジンを始動してすらいないか、あるいは、エンジンがかかっていてもクラッチが切れているのと同じです。これだと、いくらアクセルを踏み込んでも、加速どころか、前に進むことさえできません。**力を入れて振っても、それが飛距離に結び付かないと感じている人は多いと思いますが、それは、運動の「回路」がつながっていないのが原因**ということです。

「地面反力」を使う前に、まずは、エンジンを始動し、クラッチをつないだ状態にしておくことが大事です。例えば、日常生活の動きの中で無意識に行っている「運動連鎖」を、「意識」してやってみるというのが、その第1歩になります。

# 大排気量エンジンも使い切れなければ無駄になる

排気量が３０００ccのエンジンを積んでいても、適正なギアが組まれていなければ、高回転域までエンジンを回すことはできないのと同じで、どれだけパワーがあっても、それがスイングのスピードに変換されなければ意味がない。「地面反力」を使えば、たとえ積んでいる「エンジン」が小さくても、最大効率で加速できる

## 3 運動は必ず「足」から上方向に伝わっていく

### 「運動連鎖」がないと速くは走れない

日常生活の動きの中にある「運動連鎖」とは、どういうものかというと、例えば、「歩く」動作では、ほぼすべての人が、適切に「運動連鎖」を使って歩いていると言えるでしょう。「踏み出した足を軸にして、体を前に移動し、反対の足を振り出す動作を繰り返す」という、文章にすると難しそうな動作を、誰もがこともなげに、しかも無意識に行っています。

では、「走る」のはどうでしょうか。

「歩く」ということに関して、動きに不自然さが出る人はあまりいませんが、「走る」となると、フォームのきれいな人と、そうでない人に差が出てきます。とくに、100

メートル走のように、〝全力で〟走るとなると、その差は顕著になります。その違いを生み出しているのは、「運動連鎖」の有無です。

**フォームがきれいで、速く走れる人は、足から上半身に向かって運動が連鎖し、足の動きで上体の揺れや腕の振りをコントロール**しています。ですが、フォームがバラバラの人は、大抵、腕を振る意識が強すぎたり、上体に力が入りすぎたりしているので、肝心の足が上手く動かなくなっているのです。

## フォームの美しさはエネルギー効率と深い関係がある

オリンピックや世界選手権の陸上競技で、100メートル走の金メダルを争うような選手は、例外なくフォームが美しい。その「美しさ」は、「動きの順番が理にかなっていること」に由来している。逆説的に言えば、フォームが美しくない選手は、動きのどこかに理にかなっていない部分があり、持っている能力を100パーセント発揮できていないということ。「地面反力」は、動きの効率に深く関係し、力強く、しかも美しいスイング作りに欠かせないものだ

## ごみ箱にごみを投げ入れるのも「運動連鎖」

「走る」という、もっとも根源的な運動から、最新の道具を使った近代スポーツに至るまで、**どんなスポーツにおいても、動きが必ず「足」からスタートして、上方向（上半身）に向かって「連鎖」していく、という点では共通**しています。

陸上競技を例にすると、100メートルや200メートルの走種目は当然として、走り幅跳びや、走り高跳びなどの、跳躍種目においても、足の踏み切りからスタートして、その後、全身に動きが連鎖して跳躍が完成します。また、砲丸投げや、やり投げなどの投てき種目もやはり、足が最初に地面を踏ん張って、そこから上方向に向かって、徐々にねじれが連鎖していくことで、投てきしていることがわかると思います。

スポーツにおける運動だけでなく、日常生活の中の動作、例えば、「赤ちゃん」を抱っこして、揺りかごのように、やさしく左右に揺らそうとするとき、誰でも、「足」でその動きをコントロールするはずです。足を棒立ち状態にして、腕だけで揺らそうとすると、振動が大きすぎて、赤ちゃんは泣いてしまうかもしれません。

あるいは、1メートルくらい離れたところにあるごみ箱に、そうっとごみを投げ入れようとするときにも、「足」で体を揺らして、手の振りの勢いをコントロールして投げます。実際にやってみると、**やさしく投げようとすればするほど、足の動きが大きくなり、逆に腕の振りは小さくなる**のがわかると思います。

このように、どんな動きにも「運動連鎖」はあり、それはいつでも、「足」から上方向に伝わるということを、忘れないようにしてください。また、「走る」と、人によってフォームにばらつきが出ることでわかるように、ゆっくり行うと、自然に「運動連鎖」ができていても、スピードを出して行うと難しくなるということも、頭の中に入れておいてください。速く振ろうとしすぎると、スイングの形が崩れてしまうのも、これと同じ理屈だからです。

# 4 「運動連鎖」を感じて動いてみよう

## 意識を必ず「足」に向けて動く

では、「運動連鎖」によって、「足」から上半身に向かって動き（力、スピード）が伝わっていくのを体感できる、いくつかのドリルを紹介します。

これらのドリルを行うときに、いちばん重要なことは、**「動かそう」という意識を、「手」や「腕」ではなくて、必ず「足」に持っていく**ということです。足の動きに100％の意識を向けるつもりでやっても、やりすぎではないでしょう。

「イチ、ニッ」と足踏みするような、足の動きをベースとして、それに腕の動きがついていくイメージで、すべてのドリルを行ってみてください。

## ドリル① 歩きながら手を振る

このドリルでは、「足」を動かすことによって、「運動連鎖」がスタートすることと、「足」の動きが、最終的に腕を振る力に変換されるということを体感できます。

やり方は、ゴルフのアドレス姿勢のように、上体をやや前傾させ、両腕をだらりと下げた状態から、まず右足を前に出します。このとき、腕が完全に脱力していれば、足の動きによって腕が「揺れる」ので、その「揺れ」をきっかけにして、両腕を右方向に振ります。腕に力を入れて持ち上げるのではなく、腕の重さを利用して、振り子のように動かしてください。腕を右に振るのとほぼ同時に、今度は左足を前に出します。すると、右に振り上げた腕に対して、逆向きの左方向に引っ張られるような力が働くのを感じるはずです。それによって、腕は右に振り上げたときよりも大きく左に振られます。同じように、右足、左足と、タイミングよく前に出していくと、腕の振りがどんどん大きくなって、ゴルフのスイングのような形になっていきます。**ゴルフのスイングが、実は「足」によって動かされている**ということが、よくわかると思います。

左足からの運動連鎖と「地面反力」により強く腕が振られる

## 足を前に出すと
## 腕を振る力がアップする

右足を前に出して腕を右に振り、左足を出して左に振る。腕が上がり切る前に、タイミングよく足を出していくと、足の動きによって、腕を振る力が強くなるのがわかる

左足を踏み出すことで腕を左に振る動きがスタートする

## ドリル②

# 歩きながらクラブを振る

このドリルは、ドリル①の動きを、クラブを持って行うものです。

やり方は、基本的にはドリル①と同じです。右足を前に出しながら、クラブを右に振り上げ、左足を前に出しながら、クラブを左に振ります。クラブがあることで、実際のスイングの中での「運動連鎖」を、よりわかりやすく感じることができるはずです。腕を「振る」ことに意識を向けるのではなくて、あくまでも足の動きに意識を向けて行ってください。「イチ、ニッ」、「イチ、ニッ」と、**リズムよく前に足を踏み出すことで、腕の振りが加速する**のが実感できるはずです。

## 足から動かして
## クラブを振り下ろす

左足を踏み出した時点ではクラブはまだ右方向に振られている

左足に受ける「地面反力」によってクラブが加速する

歩きながら腕を振るドリルと同じ要領で、歩きながらクラブを振る。足を踏み出すことから運動が連鎖して、最後にクラブに伝わるのがわかる。クラブから先に動かそうとすると、動きがバラバラになる

## ドリル③ 連続で素振りをする

連続で素振りをすると、通常のスイング方向における「切り返し」と、フィニッシュからテークバック方向に巻き戻る瞬間の2カ所で、「足」が先に動いて、その動きが上半身からクラブに伝わる感覚がわかります。

「切り返し」では、**クラブがまだテークバック方向に動いていますが、「足」から先に逆方向への動きをスタートさせることで、瞬間的に下半身と上半身のねじれが強くなり、スイングが進むと、そのねじれがほどけるようにして、腕、クラブと順に加速**していきます。これが、いわゆる「下半身リード」と呼ばれる、基本的な「運動連鎖」の動きです。

この上下の動きだしの「ずれ」は、1方向だけの素振りではなかなか感じづらいですが、左右連続で振ることによって感じ取りやすくなります。

ただし、腕に力が入っていたり、「足」の動きより、腕の振りを意識して行ってしまうと、「下半身リード」の感覚は得られないので、注意してください。

## 連続素振りで「運動連鎖」を体感する

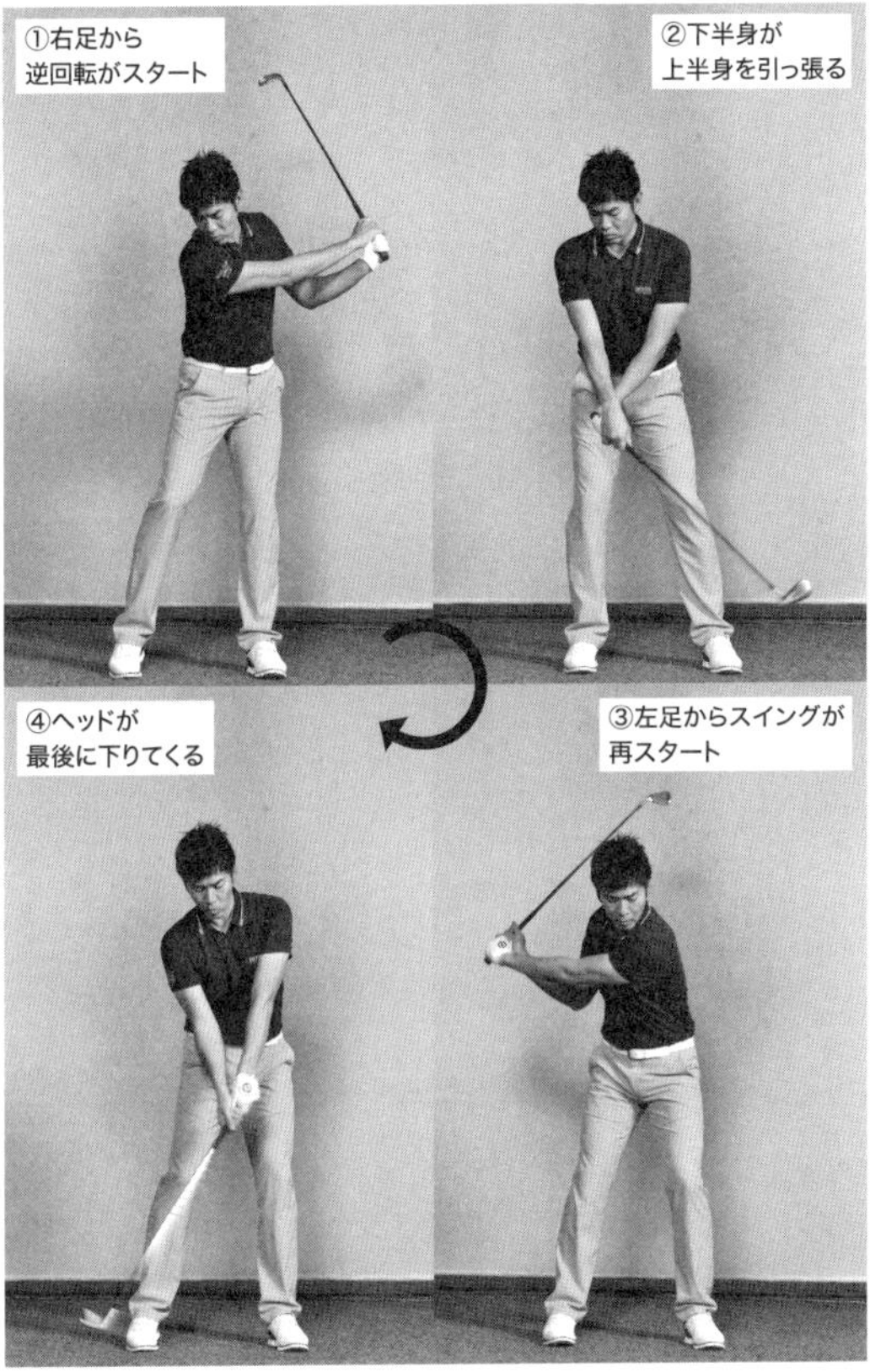
①右足から
逆回転がスタート
②下半身が
上半身を引っ張る
③左足からスイングが
再スタート
④ヘッドが
最後に下りてくる

フィニッシュからすぐに巻き戻す形で、連続で素振りをすると、左右の切り返しで、下半身が先に回転をスタートさせる感覚がわかる。このとき、下半身との時間差によって、上体が強くねじられるのを感じるはず

## ドリル④ 足をステップしながら素振りをする

このドリルでは、「足」の動きをきっかけに腕を振る感覚や、切り返しで、確実に「足」から動きをスタートさせる感覚を身につけることができます。

最初は、左足だけをステップする素振りです。通常よりも少し狭めたスタンス（左足を右足に寄せる）で、テークバックをスタートさせたら、クラブがトップの位置に上がり切る前に、左足を目標方向に踏み出し、それをきっかけにクラブを振り下ろします。「足」から切り返しの動きをスタートさせることが明確になるので、「運動連鎖」の順番が整い、力を入れなくても、スピードを出して、しかもスムーズに振れるのがわかるはずです。

慣れてきたら、両足をステップする素振りにもチャレンジしてみてください。両足をステップする場合、最初のスタンスはごく狭くし（両足をそれぞれスタンスの中央

## 左足のステップで切り返しをスタートさせる

クラブがトップに上がり切る前に左足を1歩踏み出す

アドレスで左足を右足に寄せておき、切り返しのタイミングで、左足を1歩踏み出す。下半身からスタートして切り返す感覚と、左足を確実に踏み込む感覚がわかるに寄せる)、そこから、右足を外側にステップしてテークバック、切り返しで左足をステップしてダウンスイング、という要領で行います。

**切り返しだけでなく、スイングのスタート時においても、やはり「足」の動きから「運動連鎖」がスタートする**ことを、実感できると思います。

## スイングの始動も
## 足の動きからスタートさせる

アドレスで両足を閉じる

右足をステップしてテークバック

切り返しでは左足をステップ

狭めたスタンスから、右足を1歩踏み出してスイングをスタートさせ、左足を1歩踏み出して切り返す。スイングの始動からフィニッシュまで、すべて「足」の動きでコントロールする感覚がわかる

5

## 「地面反力」がヘッドスピードをアップさせる仕組み

### 回転のギアの速度を上げる役割を担う

ボールを遠くに飛ばすには、インパクトの諸条件(ボール初速、打ち出し角、スピン量)を最適化することが必要ですが、そのうち、ボール初速だけは「ヘッドスピード」に依存していて、ヘッドスピードを直接的に上げない限り、ボール初速をアップさせることは難しいと言えます(クラブを変更することでわずかにアップさせることは可能)。

そのヘッドスピードを上げるのには、「筋力」が必要と考える人が多く、「筋力アップ」→「つらいトレーニング」と連想して、あきらめてしまう人が多いのは、とても残念なことです。最低限の「筋力」は当然、必要ですが、そこに「地面反力」を加えることで、ヘッドスピードは簡単に、かつ飛躍的にアップさせることができます。

スイング中のクラブを、体の正面から見ると、反時計回りの回転運動となりますが、**垂直方向に働く「地面反力」は、この回転のギアの速度を上げる役割を担っています。**「地面反力」と「回転」の関係性が、頭の中でイメージできないと、なかなか上手く反力を使えないので、まずはこの仕組みをしっかりと頭に入れておいてください。

## 垂直方向に働く「地面反力」が回転の「ギア」を回す

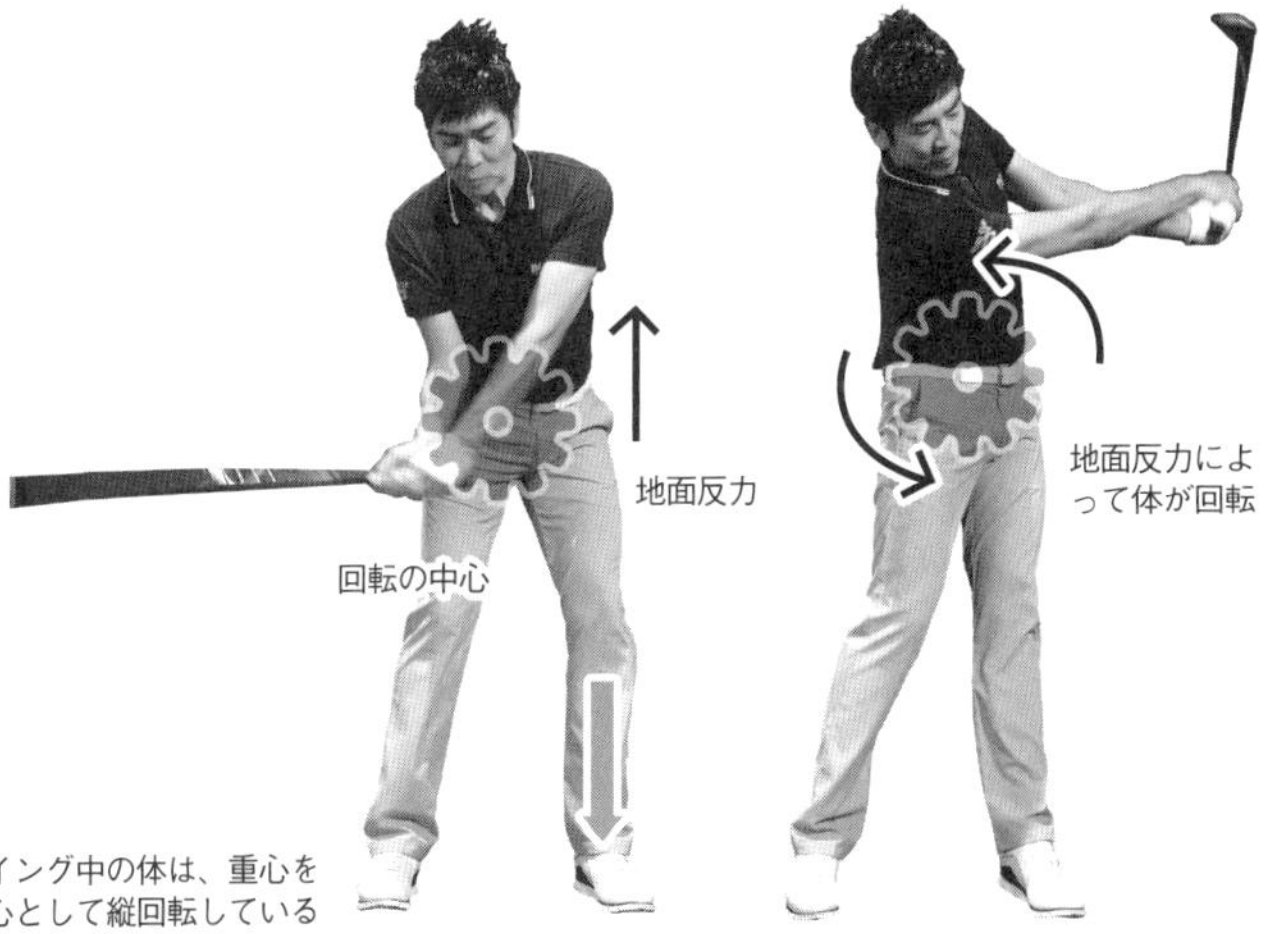
地面反力
回転の中心
地面への圧力
地面反力によって体が回転

スイング中の体は、重心を中心として縦回転しているが、「地面反力」はこの回転をうながし、回転速度を上げるのに深く関わっている

# 6 スイングの中にある3つの軸回転を理解しよう

## 「軸」は1本じゃない

スイングの中に、「運動連鎖」のエッセンスがあれば、そこに「地面反力」をプラスすることで、「運動連鎖」自体の効率がアップし、よりスムーズに、より速いスピードでスイングできるようになります。「地面反力」で、なぜ、**スイングのスピードが上がるのか理解するには、ゴルフスイングの中にある、3つの「軸」と、その役割について知る必要がある**でしょう。

ところで、スイングの「軸」と聞いて、「背骨のことじゃないか」と思った人も多いのではないでしょうか。ゴルフのスイングは、「軸を中心とした回転運動」であると、これまでいろいろなところで説明されており、その「軸」に関しても、「背骨」であるとか、「首の付け根を通る垂直な線」であるとか、はたまた、「右足と左足のそれぞれに軸がある（2軸理論）」といったような、様々な説明がされてきました。これらは、スイングの動きの「概要」をとらえる手法としては、決して間違ってはいませんが、スイング中の体にどんな力が働いて、体の各部がどのように動いているのかを、正確に説明するには、「不十分」と言わざるを得ません。なぜなら、ゴルフのスイングは「3D」であり、たった1本の軸（あるいは2本の軸）による回転運動として説明できるほど、単純ではないからです。

## ゴルフスイングは、横、縦、前後の3つの回転がミックスされている

ゴルフのスイングの中にある3つの「軸」は、それぞれ、**体の横回転要素と縦回転要素、それに、前後方向への回転要素に関係しています。**これらの3つの要素が同時に起こり、それに手の動きが加わって、ゴルフスイングという、ひとつの動きになるということです。

「横回転」の要素とは、テークバックで体が右に向き、フォローで左を向く回転のことです。従来の「軸回転」のイメージに近い回転要素と言えます。「縦回転」の要素は、前傾を強くしたときに、肩が縦に回るように見える回転のことです。パッティングの

ストロークは、縦回転要素の強い動きと言えるでしょう。ただし、実際は肩が回転しているのではなく、お腹から背中に向かって貫通する、水平な線を中心に体が回転し、体が左右に「倒れる」ことで、縦回転要素は生み出されています。最後に、「前後回転」の要素は、「お辞儀」をするように、上体を倒したり、起こしたりする回転のことです。この回転は、普通、あまり意識されませんが、「地面反力」を使ったスイングには、欠かせない要素のひとつとなります。それぞれの「軸」と「回転」について、もう少しだけ詳しく説明していきます。

## ①横回転軸(垂直軸)による回転

スイングの横方向への回転要素は、両手を開いて上げ、ヘリコプターのプロペラのように体を回す、と言えばわかりやすいと思います。このときの回転軸は、「背骨」でも、「首の付け根を通る垂直の線」でもなく、体の「重心点」を通る垂直の線というのが、もっとも実態に近いと言えるでしょう。体の横回転要素には、両足の動きが重要です。

**左右の足で互い違いに、足の前後(つま先側とかかと側)に体重を移動させると、横回転**

**の「トルク」が発生します。**これは、「竹とんぼ」を飛ばすときに、左右の手をお互い反対方向に動かすのと似ています。

## 横回転軸(垂直軸)による回転

両手を広げて、プロペラのように体を左右に回転させる、垂直な回転軸に対して、横方向に回転する要素。従来の「軸回転」のイメージにもっとも近い動き

## ② 縦回転軸(前後軸)による回転

スイングの縦回転要素は、体を左右に「倒す」回転とも言えます。最近では、「側屈」(サイドベンド)という言葉で説明されることも多くなっています。回転軸は、へその下あたりを通り、体を前後方向(腹から背中方向)に貫く直線です。地面に対しては水平で、横回転の垂直な軸と直交しています。直立して、この軸を中心に回転すると、体が左右に倒れます。上体を90度前傾させた状態で、この軸を中心に回転すると、パッティングのストロークのように、肩が縦回転するように見えます。

「地面反力」を使ったスイングでは、**垂直方向にかける(受ける)力が増えますが、それによって直接的に動くのが、この縦回転軸を中心とした回転**です。つまり、この回転が上手く使えないと、「地面反力」をスイングのスピードに転換できないということになります。これまでは、どちらかというとあまり注目されてこなかった回転要素ですが、「地面反力」を使ったスイングには、非常に重要ということです。

## 縦回転軸(前後軸)による回転

体を前後(腹から背中)に貫く、水平な回転軸を中心に体を回転する、縦回転の要素。上体を90度前傾させると、回転が「縦」であることがわかりやすい。パッティングのストロークなどで強くなる要素

## ③ 前後回転軸(目標方向軸)による回転

スイングの前後方向への回転要素は、上体を前後に倒したり、起こしたりする回転要素で、従来のスイングの考え方では「悪者」扱いされてきた要素とも言えます。回転軸は、やはり、へその下あたりを通り、胴体を左右方向(左腰から右腰方向)に貫く直線です。地面に対しては水平で、ターゲットラインとは平行になります。

この回転要素が重要なのは、**クラブの遠心力と引っ張り合う形で、上体の位置を保持する役割がある**からです。とくに、ダウンスイングでは、ボールの方向に向かって強烈な遠心力が発生するので、それと拮抗するように、上体を起こすように回転させないと、体が地面に近づきすぎて必ずダフります。「地面反力」を使ったスイングでは、スイングスピードが上がることで、クラブの遠心力も増大しますから、この前後方向の回転が、かなり重要になります。

## 前後回転軸(目標方向軸)による回転

体を横(左腰から右腰)に貫く、飛球線と平行な回転軸を中心に体を回転する、前後回転の要素。スイング中は、クラブの遠心力に対抗して、上体を倒したり、起こしたりすることで、上体の位置が保たれる

## COLUMN 01
「地面反力」との出会い①

# クォン教授のリサーチは運動力学の本質に迫るもの

今でこそ、「地面反力」という言葉は、欧米のティーチングプロの間では、知っていて当然の言葉になっていますが、私がはじめて、「グラウンド・リアクション・フォース」という言葉に出会った当初はまだ、スポーツを専門に学ぶ人の間で知られているだけで、一般にはほとんど浸透していない概念でした。

当時、私は、従来とは違う飛距離アップの方法がないかと、欧米のメソッドを中心にリサーチをしていて、そこで「グラウンド・リアクション・フォース」という言葉に出会い、強く興味を持ちました。ところが、それが一体どういうものなのかは、調べてもよくわからなかったので、とある勉強会に参加してみたところ、そこで講師をしていたのが、テキサス女子大学教授で、バイオメカニクスの第一人者と言われている、ヤン・フー・クォン教授だったのです。クォン教授のリサーチは、詳細で多岐にわたり、そのいずれもが運動力学の本質に迫るものでした。私自身、はじめて聞く用語がたくさん飛び交って、面食らったのを覚えています。

しかし、そこでの経験はさらなる驚きの
序章にすぎなかったのです。

Chapter 3

# 3章

# 「地面反力」の習得法②

## 実際に地面反力を使って打ってみよう

# 1 「地面反力」はコツさえつかめば15分で飛距離が伸びる

## 固定概念を捨てて「やってみる」ことが大事

これまでのゴルフのレッスンでは、例えば、「トップで体をねじる」とか、「インパクトで体を開かない」というように、スイングの「形」を整えることを重視したものがほとんどでした。もちろん、この手法にも一定の効果はありますが、人によっては、それまでのスイングの「形」とまったく違う動きを求められるため、「違和感」が大きく、「当たらないんじゃないか」という不安をいだかせてしまうというデメリットがあることも事実です。実際、そういった不安感があると、結局、元の振り方に戻してしまうケースが多く、それで上達が足踏みしてしまうことがほとんどです。

その点、「地面反力」を使ったスイングの習得は、本来、**誰でも使える力を引き出してあげるだけなので、それほど大きな違和感がないのが、最大のメリット**とも言えます。

もちろん、「地面反力」を使うために、絶対に必要なポジションや動きがありますので、その部分では、違和感が「ゼロ」というわけにはいきませんが、それでも従来の、いわゆる「スイング改造」ほどの大変さはないはずです。

ただ、「地面反力」の習得は、これまでの「形」を重視したやり方とは違うので、ゴルフ歴が長く、「ゴルフのスイングはこういうものだ」という、「固定概念」に縛られている人ほど、上手く体の動きを切り替えられない傾向が見られます。逆に、ゴルフ歴が浅く、「固定概念」の少ない人や、ベテランでも「コツ」をつかむのが上手い人、新しいことに挑戦するのに躊躇《ちゅうちょ》がない人というのは、たった15分指導しただけで、いきなり飛距離が伸びることが多いです。

ですから、それまでやってきたことは、一旦、忘れて、まずは、「地面反力」を「使ってみて」ください。きっと、その効果に驚くはずです。

## 2 まずは「地面反力」を「感じる」ところから始めよう

### 「意識」することで感じられるようになる

これまでも述べてきた通り、「地面反力」というのは、誰もが日常的に、「無意識」のうちに使っている力です。無意識なので、普通は「どうやって使っているか」ということは考えません。しかし、ゴルフのスイングの中で「地面反力」を使うのであれば、どこで地面に圧力をかけるのか、どこで反力を得るのか、きちんと「意識」して動くほうがいいでしょう。「地面反力」を使う上で、いちばん大事なことは、**切り返しで『左足にしっかり加重する(体重をかける)』**ということです。「しっかり」とは、ジャンプするときのように、瞬間的に地面を押すという意味です。多くのアマチュアは、この「左足への加重」の意識がうすいことで、「地面反力」を十分に使えず、「運動連鎖」の順番がバラバラになって、効率的なスイングができなくなっています。そこで、まずは「左足への加重」を、「意識」するためのドリルをいくつか紹介します。**それまで上手く動かせ**

なかった体の部位も、「意識」することで、必ず動くようになります。

## 左足に「加重」することで「地面反力」を使える

「地面反力」による「運動連鎖」で
腕が鋭く振られる
「加重」した分だけ
「地面反力」を受ける

「地面反力」を使ってスイングするためには、切り返しで、左足にきちんと加重することが不可欠。左足の動きに対する「意識」が希薄だと、上手く加重することはできないので、まずは、「意識」を向けることが大事

## ドリル① 左足だけでスクワット

最初は、クラブを持たずに、「左足に加重する」ということを、脳と体にインプットするドリルです。左足を踏み込んだときに、どの筋肉を使って左足を動かすのか、どの部分に力が加わるか、といったことをしっかり「意識」しながら行ってみてください。

### 右足を1歩引き左足体重にしてひざを曲げ伸ばしする

右足は１歩引く

ひざを伸ばし左足の上で真っすぐ立つ

右足を引いてつま先立ちにし、左足に体重のほとんどがかかるようにして立つ。腕は胸の前で軽く組んでおく。その状態から、「スクワット」の要領で、軽くひざを曲げ伸ばしする。左足を踏み込む（加重する）際に、左足のどこに意識を持って、どう動かせばいいのかがわかってくる

# 踏み込み方が悪いと真っすぐ立ち上がれない

左足に加重する際は、ひざから下がなるべく真っすぐ(垂直)になるように、また、左足の真上に重心がくるように踏み込む。踏み込み方が悪いと、ひざを伸ばしたときに、前につんのめったり、後ろにバランスを崩したりする

## ✕「地面反力」が前方向に働く例

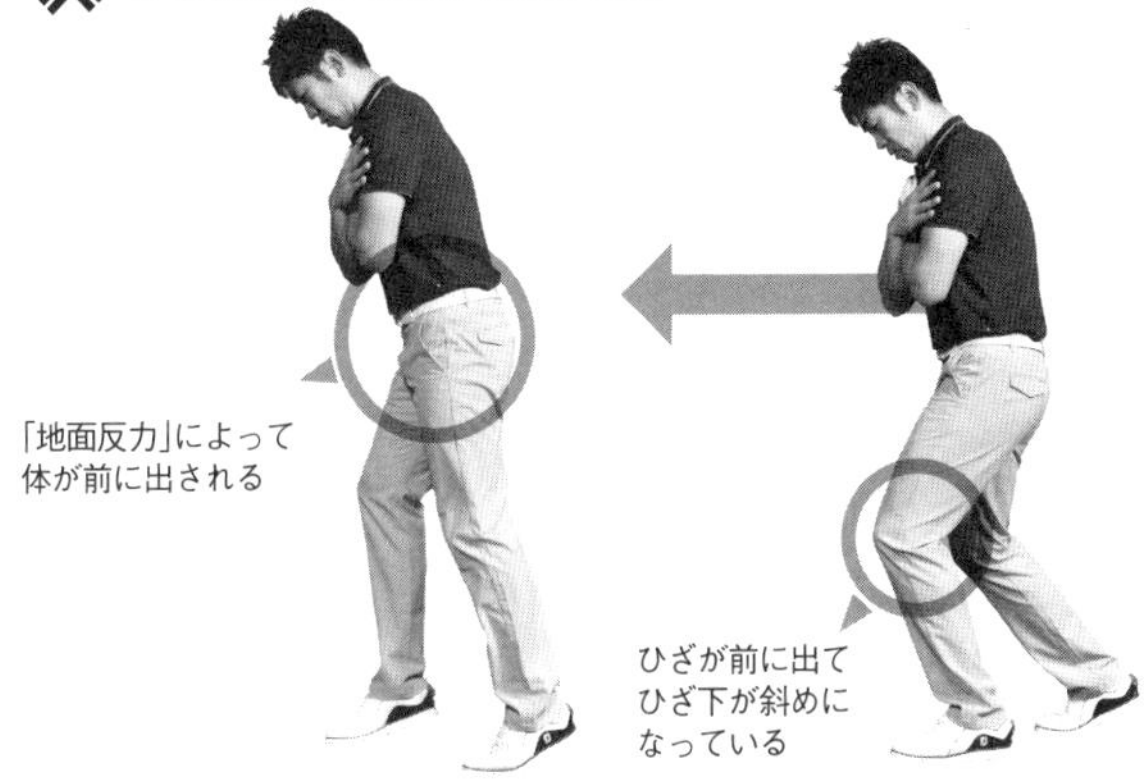
「地面反力」によって
体が前に出される
ひざが前に出て
ひざ下が斜めに
なっている

## ✕ 重心が後ろにかかっている例

左足に加重する
際、体が左足の
真上にない
重心が後ろにあるので「地面反力」を受けるとよろけてしまう

ドリル②

## 左足を踏み込んですぐに「抜く」

左足への加重のコツがつかめてきたら、次に、それをもう少しスイングの動きに近い形でやってみます。トップから、まず左足を踏み込んでクラブを下ろしたら、すぐに踏み込んだ跳ね返りを使って、左足をポンと地面から浮かせます。踏み込んで(加重)、地面からの反力を受け、左足が伸びる(抜重)という、一連の流れを感じながら行ってください。

「抜重」することでヘッドが加速することを感じる

# 左足の「加重」と「抜重」を一連の動作で行う

トップで静止したところからまず左足を踏み込む

踏み込んだらすぐに「跳ねて」左足を抜く

トップで左足を踏み込むと(加重)、「運動連鎖」により、ダウンスイングの動きがスタートする。間をおかずに、左足で軽くジャンプするようにして、地面から足を離す。加重によって「反力」を受け、力を抜いてひざを伸ばす(抜重)、一連のタイミングがわかる

# 3 「地面反力」を生かすには「傾き」が重要

## 「地面反力」のベクトルがスイングを加速させる

「地面反力」というのは、何となく「左足を強く踏み込む」ことで得られるということは、ご存じの方も多いかもしれません。では、なぜ、「左足」に「加重」しなければならないのでしょうか。「地面反力」というのは、実は、左右の足にかかる圧力の「合力」です。ですから、左右の足に均等に圧力をかけると、「地面反力」のベクトルは、完全な垂直方向となります。左右の足のどちらかに、多く圧力（体重）をかけて立つと、「地面反力」のベクトルが傾き、例えば、左足に多く圧力をかければ、「地面反力」のベクトルは、左（自分自身から見て）に傾くわけです。この、「地面反力」のベクトルが、スイングを加速させるためにはとても重要で、**ベクトルが左に傾いていれば、スイングの回転に対して「正」の力を加えることができ、スイングを加速させることができます**が、ベクトルが右に傾いてしまうと、スイングに対して「負」の力を加えることになり、スイングは逆に減速します。だから、切り返しでは、右足よりも左足に多く「加重」することが大事ということです。

## 切り返しでは左足に より多く「加重」することで 回転力がアップする

「地面反力」は、左右の足への「加重」の合力であるため、左右で「加重」の強さに差があると、「地面反力」のベクトルが、強く「加重」した側に傾く。切り返しでは、左足に多く「加重」することで、「地面反力」のベクトルを左に傾けることができ、そうなってはじめて回転力をアップさせることができる

×
左足より右足への加重が大きい

◎
右足より左足への加重が大きい

地面反力のベクトルが逆向きになってしまう

地面反力のベクトルが左に傾く

# 4 「地面反力」を「振る力」に変えてみよう

## 「地面反力」で腕を加速させる

左足を踏み込むと、「地面反力」を受けて、そのあとで左足を伸ばすときに勢いが増す感覚は、理解できたと思います。ですが、今の段階ではまだ、力が垂直方向に上下しているだけで、それがどうやってスイングと結び付くのか、わからないという人も多いはずです。そこで、次に、「地面反力」を、腕を振るスピードに変換するドリルをやってみることにします。「地面反力」で**スイングスピードが上がることを理解すると、腕に無駄な力を入れずに済み、スイング全体がスムーズで力みのないもの**になる効果が期待できます。

## 「地面反力」を使うと「力」を入れなくても
## ヘッドが最大限に加速してくれる

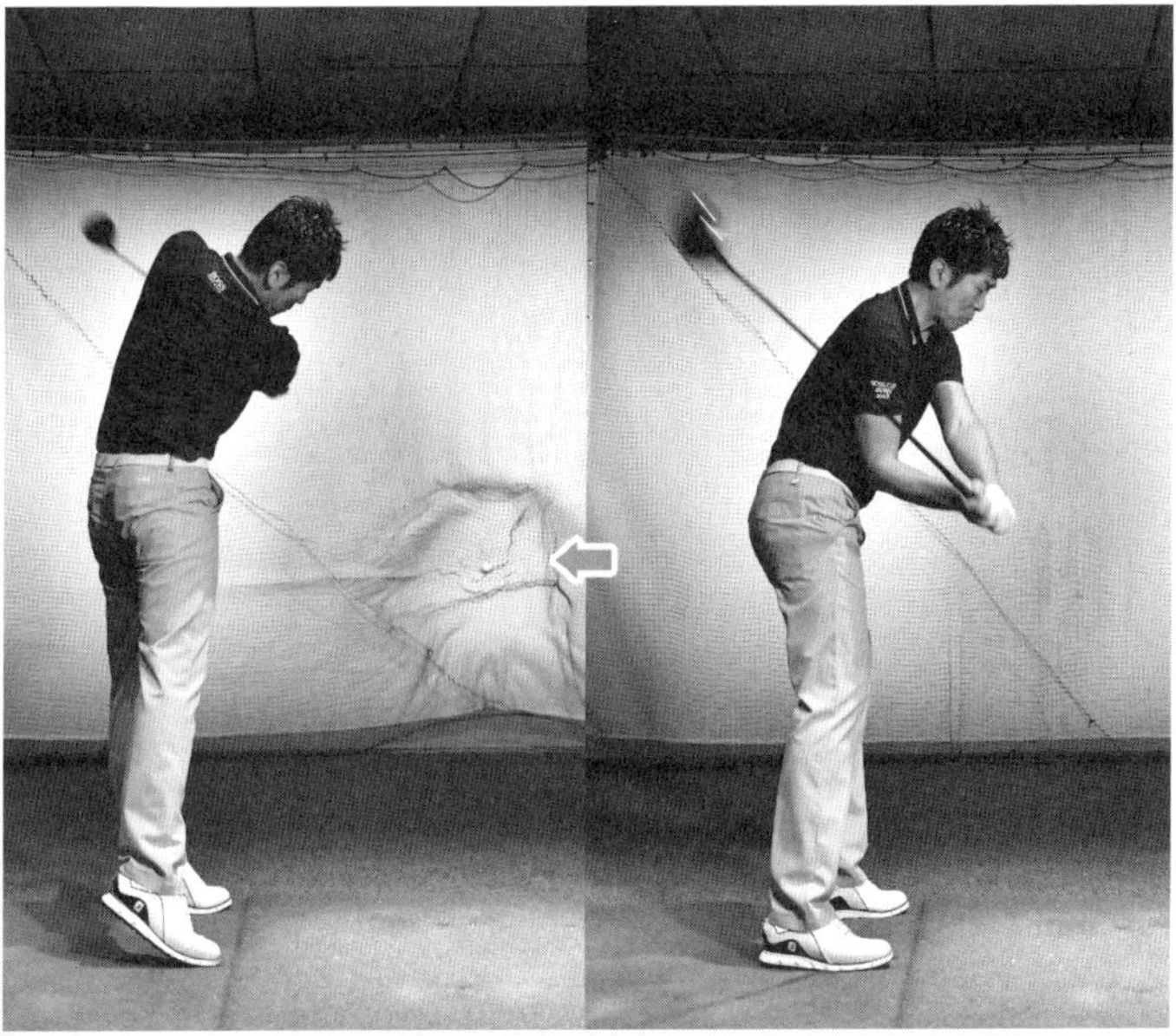

ダウンスイングの初期に左足を踏み込むと、地面からの反力を受けて、すぐに左足が伸び始める。その力が、体(あるいは肩)の縦回転を加速し、それがクラブのヘッドスピードに変換される

## ドリル③ ジャンプしながらクラブを振る

「地面反力」を使えば、腕を速く振れることを理解するには、スイングの途中でジャンプするドリルが最適です。ジャンプすることで、確実に「地面反力」を使うことができ、それがスイングスピードにどう影響するのか、体感することができます。

テークバックですぐにジャンプする準備(加重)を始め、ジャンプをスタートさせながら切り返すと、クラブに発生する下向き(遠心運動)の力が、ジャンプ(地面反力)によって増幅され、自分で力を加えなくても、クラブが加速するのを感じるはずです。

足が完全に地面から浮き上がった時点では(抜重)、クラブがインパクト位置を通り越して、フォロー側まで振り抜かれています。

## ジャンプすると
## クラブは自然に加速する

「地面反力」がスイングスピードをアップさせることは、ジャンプしながらスイングするとよくわかる。ダウンスイング状態に入ったクラブが、ジャンプすることで一気に加速するのを感じるはず

## 5 テークバックでも「地面反力」を使おう

### 左右互い違いに「地面反力」を発生させる

「地面反力」には、クラブを加速させるだけでなく（縦回転軸による回転）、体の「横回転」を始動する、エンジンスターター的な役割と、その回転の速度を上げる動力としての役割があります。つまり、スイングの始動時と、テークバックにおいても、「地面反力」が重要な役割を果たしているということです。

「横回転軸」（垂直軸）による回転は、足裏で「トルク」を発生させることで起こります。具体的には、**アドレスの状態から、左足のつま先方向と、右足のかかと方向に同時に重心を移動させると、左右の足にそれぞれ逆向きの「地面反力」（トルク）が発生し、それによって、体がテークバック方向に回転する**ということです。これはちょうど、「竹とんぼ」を飛ばすときに、左右の手をそれぞれ反対方向に動かすのに似ています。フォロー側の回転も、足の「トルク」で回すという点は同じで、ただし、体重をかける方向が逆になります（左足のかかと方向と、右足のつま先方向に体重をかける）。

## 足を使って体幹部を「ねじらずに」回す

足の「トルク」を使って体を回転させると、腰は大きく回りますが、体幹部（胴体部分）はほとんどねじれません。逆に、足を動かさないで、テークバックしようとすると、胴体部分を無理にねじるか、あるいは手を使ってクラブを上げるしかないことがわかります。背骨は、首の部分から腰の部分にかけて、頸椎《けいつい》、胸椎《きょうつい》、腰椎《ようつい》の3ブロックに分かれていて、頸椎と胸椎は、それぞれ数度ずつ回転させることが可能ですが、腰椎部分は基本的に回転させることができません。つまり、上体（胴体）を「ねじって」、テークバックするというのは、そもそも体の構造的に無理があるということです。

テークバックでは、**体幹部分が「1枚の板」だと思ってください。そして、その板を、「足」の力で回転させるイメージを持ってください。**

## ドリル④ 後ろをパッと振り向く

体幹部を「ねじらずに」、「足」の力を使ってテークバックする感覚を身につけるためのドリルを、2つ紹介します。ひとつめは、両足を肩幅くらいに開いて直立したところから、後ろを「振り向く」というものです。例えば、後ろから誰か知り合いに声をかけられて、振り返る場面をイメージしてみてください。右方向から振り返るのであれば、自然に、左足のつま先方向に体重をかけ（かかとが上がるくらい）、右足はかかと方向に体重をかけて体を回転させるはずです。テークバックでも、これと同じくらい、「自然に」体を回すように、心がけてください。体幹部がねじれないので、まったく苦しくありませんが、それでいいのです。苦しいところがないと、「ちゃんとやっている気がしない」というのは、間違った思い込みです。理にかなったスイングというのは、体の動きに制約がなく、体に負担のかからないものなのです。

## 体幹部を「1枚の板」にして回す

「上体をねじる」というのは、下半身との「ねじれ差」を作るという意味で、胴体部分（体幹部）そのものをねじるということではない。むしろ、体幹部は「１枚の板」のようなイメージで、「ねじらずに」回すことで、体に負荷をかけないスイングになる

## 後ろを振り返るようにテークバックする

後ろから声をかけられて、自然に振り向いた形は、理想的なテークバックの回転に近い。足の「トルク」を使った回転で、上体の向きがしっかりと変わり、体幹部がねじれないので「苦しく」ない

体幹部はねじれていない
足を使って体の向きを変える

## ドリル⑤ かかとの上げ下げで体を回転させる

「横回転」(垂直軸回転)を生み出す、「足」の「トルク」は、左右の足に、それぞれ反対方向の力をかけることで発生します。その感覚を養うためには、左右のかかとを交互に上げて、それを体の回転に変換するドリルが有効です。

左かかとを上げ、右かかとは地面に押し付けて、体を右に回転させます。そこから、左かかとを下ろし、同時に右かかとを上げると、体は左に回転します。さらに、左かかとに圧力をかけつつ、右かかとを上げ続ける(つま先立ちになる)と、フィニッシュ位置まで体を回すことができます。かかとを交互に上げ下げすることで、体が左右に回るという仕組みがわかると、スイングの回転も、「足」からスタートさせることができるようになります。

## かかとを上げ下げするだけで体を回転させられる

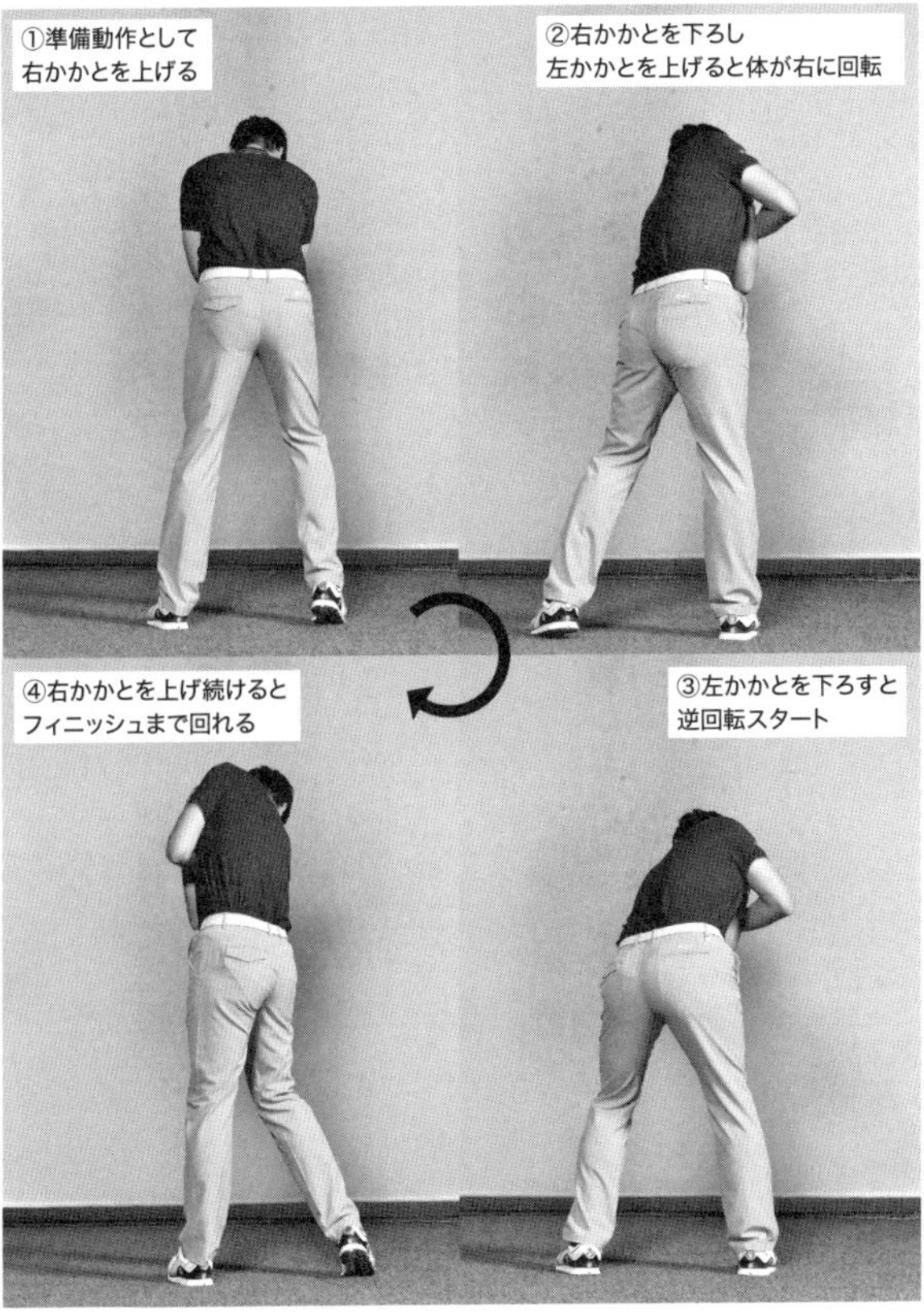
①準備動作として
右かかとを上げる
②右かかとを下ろし
左かかとを上げると体が右に回転
③左かかとを下ろすと
逆回転スタート
④右かかとを上げ続けると
フィニッシュまで回れる

左右のかかとを交互に上げ下げすると、それによって体が左右に回転する。クラブを持って、連続素振りをしながら、かかとを上げ下げすると、足の「トルク」で体を回転させて打つ感覚がわかる

# 6 「縦回転」（前後軸回転）のイメージをつかもう

## クラブの円運動に欠かせない回転

ゴルフのスイングには、「横回転」と「縦回転」、それに「前後回転」の要素がミックスされているということは、すでに説明しました。

ゴルフは、地面にあるボールを打つので、クラブの軌道は斜めに傾いた円運動になります。つまり、野球のように、**水平回転（横回転）の要素が多いスイングだと、上手くボールをとらえることができず、そこに、「縦回転」の要素をミックスすることは、不可欠**だということです。

「縦回転」要素は、これまでのゴルフのレッスンでは、あまり強調されてこなかったので、そもそもそういう要素があることすら、意識していないアマチュアが大半だと思います。ですが、「左足への加重」と同じように、「無意識」には動かせなくても、「意識」をすれば、きちんと動かせるようになります。

この、体の「縦回転」は、最近では、「サイドベンド」とか、「側屈」という言葉に変換されて、ゴルフ雑誌やレッスン書に登場することがあります。「サイドベンド」（側屈）というのは、読んで字のごとく、体の「サイド」（わき腹）を、「ベンド」（曲げる）ということです。具体的には、テークバックで左のわき腹を縮めて、上体を左側に倒し、ダウンスイングでは逆に、右のわき腹を縮めて、上体を右側に倒すという動きです。この動きだけだと、頭が左右に大きく動いてしまうようですが、これに腰の回転を加えると、動きが立体的になり、結局、頭の位置を動かさずに回転することができます。「地面反力」を使ったスイングにおいても、結果として、「サイドベンド」の動きを使ってはいますが、本書ではあえて、そこを強調しないことにします。パッティングストロークのように、肩が「縦回転」するような動きの要素だと理解してもらえれば、「地面反力」の習得にはまったく差し支えありません。

## ドリル⑥ バケツの水を遠くにまく

「地面反力」によって生み出される「縦回転」によって、末端部分のスピードを上げる動作は、実は、日常生活の中にもあります。例えば、「バケツを使って地面に水をまく」という動作も、「地面反力」と「縦回転」を使って行っています。水がたっぷり入ったバケツを、ひっくり返さないように（水がこぼれないように）振り上げるには、「足」のトルクを使いつつ、体を左側に「倒す」ようにして（右利きの場合）、バケツにかかる遠心力とバランスを取る必要があります。このとき、へその下から背中に貫通する水平な軸（前後軸）を中心とした、「縦回転」が起きていることに気づくでしょう。そこから、水をまく動作では、ゴルフのスイングとまったく同じ、左足への「加重」と「抜重」に加え、先ほどの軸を中心に、今度は体を逆側（右側）に「倒して」（回転させて）、バケツを振る腕を加速させます。

仮に、「縦回転」要素をほとんど使わずに、この運動を行ったとすると、バケツの遠心力によって体が左右にぐらついてしまい、上手く水をまくことはできません。また、「横回転」要素を強くしても、水をまくことは可能ですが、その場合は、水が背中方向にまかれることになります。

## バケツで水をまくのは「縦回転」動作

水の入ったバケツを持って、腕を左右に振るには、腕を振る方向と反対側に体を「傾ける」動きが必要。これが「縦回転」動作。この動きがないと、水とバケツの遠心力によって体が揺れてしまい、上手く水をまくことはできない

へその下の「軸」を中心に体を回転させている

## 「縦回転」が少ないと遠くに水をまけない

左足への「加重」と、それにともなう「地面反力」を使って、体を「縦回転」させないと、バケツを振る腕の円弧が大きくならず(スピードが上がらず)、水が遠くに飛ばない

×

# 7 「地面反力」を試すリスクはひとつもない

## 「地面反力」は「免疫治療」に似ている

ここまでの内容を読んで、「地面反力」を使うといっても、やることは意外にシンプルで、「難しくない」と感じる人が多いのではないでしょうか。

「地面反力」を使うことは、**スイングを一度、「解体」して、イチから再構築するといった作業ではありません**。私自身、アマチュアの方にレッスンする際には、悪い部分を切除して、新しいパーツを取り付けるというような、「外科手術」的なやり方は避けたいと思っています。それまでのスイングと、あまりにも違った動きを押し付けてしまうと、「違和感」が強くなり、結局、元のスイングに戻してしまう人が多いからです。

その点、「地面反力」を使ったスイングの場合は、**元のスイングを大きく変えることなく、**

**より効率的に動ける「コツ」を指導するだけなので、「違和感」も少なく、すぐに効果が出ます。**

また、一旦、「コツ」を覚えてしまうと、自分自身の力で、スイングがどんどんいい方向に変わっていくので、その意味では、「免疫療法」に近いのではないかと思っています。

要するに、「地面反力」を使ってスイングすることには、デメリットがひとつもありません。

また、「地面反力」は、従来の様々な「スイング理論」と、矛盾することもありません。この点については、次の章で詳しく説明していきたいと思います。

Chapter 4

# 4章

# 「地面反力」の習得法③

## 「常識」にとらわれず「自由」に振ってみよう

# 1 「苦しくない」スイングがいちばん飛ぶ

## 「ねじれ」は「作るもの」というより「できるもの」

　ゴルファーなら、少しでも飛距離を伸ばしたいと思うのは自然なことです。問題は、多くの場合、そのための手段が間違っていることです。例えば、テークバックで、「左肩を深く入れる」とか、「上体を限界までねじる」のが、いわゆる「飛ばしの秘訣」だと思っている人が多いのではないでしょうか。確かに、飛ばし屋と呼ばれるプロたちのスイングを見ると、左肩が深く回っていて、上体が強くねじられていることは事実です。ですが、当の本人たちが、そのことを意識して振っているかというと、おそらく、まったく意識してはいないだろうと思います。あくまでも、**自然に、スムーズに、全身を使ってスイングした結果、部分的に見れば、「左肩が深く回って」いたり、「上体が強くねじれて」いたりするだけ、というのが、本当のところ**でしょう。

## 練習自体が「目的」になってはいけない

実は、このようなスイング全体の一部分だけを切り取って、「これをすれば飛ぶ」というようなやり方では、あまり効果が上がらないことを、多くのゴルファーは経験則的に知っています。では、なぜそんな効果の上がらないやり方に固執するのかというと、**「上体をねじる」というような、体に負荷がかかるやり方のほうが、「やった気分になる」から**ではないかと思います。いわゆる、「月イチゴルファー」の場合、練習できるのも週に1回とか、ゴルフに割ける時間があまり多くない人がほとんどです。そういう人が、たまの練習で「充足感」を得るために、体に負荷のかかる、「キツい感じのする」練習のほうを好むというのは、気持ちとしてはよくわかります。ですが、それだと、「練習自体が目的」という練習になってしまい、本来の目的である、「スムーズで、体に負荷のかからない心地いいスイングをすること」や、それで「飛距離が出る」とか、「プレーが楽しくなる」といったことには、つながりにくくなってしまいます。

## 2 「形」を修正するのは難しい

### スイングの「一部」を変えることはできない

そもそも、これまでのゴルフレッスンでは、「上体をねじる」に代表されるような、「形」の修正を重視したものがほとんどでした。スライスに悩んでいる人に、「軌道がアウトサイドインなので、もっとインサイドからクラブを下ろしましょう」というのは、アドバイスとしては間違っていませんが、ではそれをすぐに実行できるかというと、そう簡単にはいかないことは、皆さんもご存じの通りです。

ゴルフのスイングは、**スタートからフィニッシュまでが、ひとつのまとまった動きです。ですので、その途中の一部分だけ、「形」を変えるということはできません。**ある一部分の「形」を無理やり変えれば、その前後の動きにも、当然、影響が出ます。「アウトサイドイン」の軌道を、無理やり、「インサイドアウト」に変えようとすれば、仮に軌道の問題は修正されたとしても、今度はそれ以外の別の部分に、新たな問題が生じる可能性が極めて高いと言えるでしょう。

## スイングに必要なのは「ときめき」

スイングの一部分だけを修正することが難しいのだとすれば、考えられる解決策は、ひとつしかありません。それは、「スイング全体を理にかなったものにする」ということです。難しそうに感じるかもしれませんが、**「理にかなったスイング」というのは、「自然な動きだけで構成されたスイング」**のことですから、決して難しいはずはないのです。正しい順番で動きを連鎖させ、自分自身が持っているスピードとパワーを最大限に引き出し、体にも負担の少ないスイングは、同時に、自分がいちばん「気持ちよく振れるスイング」であり、それこそが、「最良のスイング」ということです。スイングすること自体が「楽しい」、スイングするだけで、ある種の「ときめき」を感じるというのが、「地面反力」を使ってスイングをする、究極の目的と言っていいでしょう。

## 3「地面反力」を使うとスイングの「見た目」ががらりと変わる

### できなかった「形の修正」が自然にできる

「地面反力」とは、スイングを動かす「きっかけ」であり、スイングの回転の「動力」です。したがって、「地面反力」を使うために、何かスイングの「形」を変えなければいけないということはありません。

**むしろ、「地面反力」を使い、「運動連鎖」の順番が整ってくると、それまで問題をかかえていた部分が連動的に修正され、それまで直そうと思っても直せなかった、スイングの「形」、「見た目」が一気に変わります。**

例えば、ダウンスイングで、「クラブがアウトサイドから下りる」というのは、多くの場合、切り返しで、「足」からではなく、上半身や腕から先に動かしてしまうことが原因です。だとすれば、下半身からダウンスイングをスタートさせることで、その原因を取り除いてやれば、自動的にアウトサイドから下りるクラブ軌道も修正されるということになるわけです。

同じように、クラブが適切なタイミングで「リリースできない」、いわゆる「振り遅れ」と呼ばれる現象は、左足への「加重」による下半身の回転よりも先に、上半身を回転させてしまうことで起こります。また、反力を受ける方向が悪くて、腰が目標方向にずれてしまったりすることで起きますが、これらもやはり、「地面反力」を適切に使うことで、自然に修正できます。

つまり、**「地面反力」を使う直接の目的は、スイングの「形」や「見た目」を修正することではありませんが、「形」を修正しようと努力するよりも簡単に、「見た目」をよくする効果もある**ということです。

## スイングの「形」の問題は「運動連鎖」がないことによるもの

「アウトサイドイン」や、「振り遅れ」といった、スイングの「形」に関わる問題のほとんどが、実は、「運動連鎖」が上手くいっていないことが原因。したがって、部分的に「形」を修正しようとするよりも、「運動連鎖」を意識してスイングするほうが、簡単に問題を解決できる

※

「振り遅れ」で上手くリリースできない
→**腰が前にずれている**

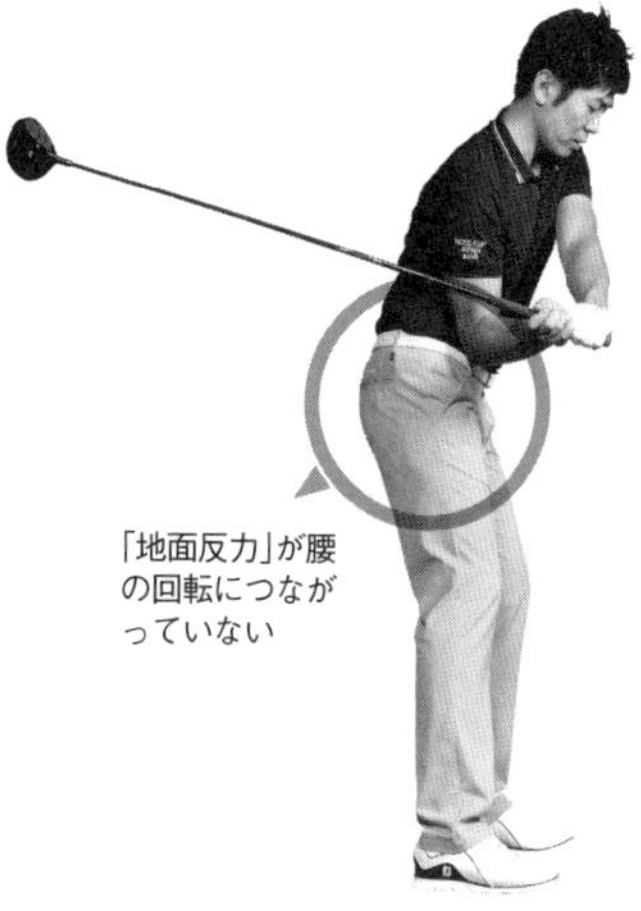
「地面反力」が腰の回転につながっていない

※

クラブがアウトサイドから下りる
→**切り返しで上半身から始動している**

切り返しで「足」から始動できていない

# 「地面反力」が「運動連鎖」を起こし スイングの「形」も整える

「地面反力」は、「足」から動きを連鎖させるのに必須の力。「地面反力」を使って、「運動連鎖」を起こすことで、スイングの問題点が一気に修正され、「見た目」的にも美しいスイングになる

順番に回転し
クラブが引き下ろされる
左足への「加重」によって切り返しがスタート
「地面反力」が、
「横」、「縦」、「前後」の
回転をうながし
クラブを最大加速させる

## 4 「常識」がスイングを不自由にしている

### 「自由に」振れないなら「常識」を捨てる

ゴルフのレッスンには、よく使われるフレーズ、いわゆる「常套句」がたくさんあり、それが「常識」として定着している側面があります。「頭を動かすな」というのは、その代表例と言えるでしょう。そうした「常套句」には、もちろん一定の真実が含まれていて、特定の悩みをかかえているゴルファーにとっては、ときに「金言」となり得るものです。

ただし、不特定多数のゴルファーに、一様に効果があるのかというと、残念ながらそうではありません。むしろ、その意味を正しく理解していない、あるいは取り違えていることによって、逆にスイングを難しくしてしまっているケースも多く見受けられます。

ここでは、ゴルフの「常識」によって引き起こされる問題点の例と、「地面反力」がその問題点に対して、どんな効果をもたらすのかということについて、詳しく説明していきます。

その目的は、「常識」にとらわれすぎて、スイングが「不自由」になっている場合があるということを知ってもらうためであって、決して、「常識」を「否定」することではありません。

繰り返しになりますが、**「地面反力」を使ってスイングする目的は、「自由に」、「気持ちよく」振るということ**です。もし、「自由に」振れない原因が、「常識」にあるのだとすれば、その「常識」を「捨てる」ことも、ときには必要と言えるでしょう。

「常識」①

# ボールはずっと見る？

## 頭が必要以上に動く人には有効

「ボールをずっと見てスイングする」というのは、テークバックで必要以上に頭を上げて（上体を起こして）しまったり、インパクト後にすぐに顔を上げてしまったりする人には有効なアドバイスです。半面、やりすぎてしまうことによって、体が回りにくくなったり、フォローが小さくなったりといった弊害が出る可能性もあります。実際、プロはスイング中にボールを「凝視」していない人がほとんどです。「ぼんやりと視界の中にボールが見えればいい」という人のほうが多いのです。スイング中は、体の回転によって、頭も回転しますし、頭の位置も少なからず動きますので、アドレスと同じ状態でボールを見続けるのは、物理的に不可能でしょう。

◎

## 上体と一緒に頭も自然に回す

テークバックでは、上体の向きが変わるのに合わせて、頭も一緒に回転するのが自然。そのため、顔の向きが変わり、頭の位置もわずかに変化するが、「目線」さえボールに向けていれば、大きな問題はない

※

## ボールを「見すぎる」とトップが窮屈になる

ボールを「見続ける」ということは、顔の向きをずっと「下向き」にするということになり、それを忠実にやろうとすると、テークバックやフォローで、体が回転しづらくなり、上体を無理にねじることにつながる

頭が少し右に動くのは許容範囲

顔の向きが固定されると体が回りづらくなる

「常識」②

# 頭は動かしちゃダメ？

## 体が左右に揺れすぎてしまう人へのアドバイス

「頭を動かすな」というのは、通常、「左右方向に」という意味で、テークバックやフォローで、クラブと一緒に体ごと左右に大きく動いてしまう人に対して、よく使われる言葉です。いわゆる、「軸」を安定させる効果がありますが、やりすぎると、「ボールを見る」と同じように、回転を窮屈にしてしまう場合があります。テークバック側で、頭をまったく動かさないように意識すると、上体だけを回転するスイングになりやすいです。また、フォロー側では、頭を動かさずに、フィニッシュの位置までクラブを振り抜くのは不可能ですから、振り抜きが途中で止まって、中途半端なスイングになったり、手が急激に「返って」しまい、左へのミスが出やすくなったりします。

上体の回転とともに
頭が目標方向に動く

◎

## インパクト後 頭は自然に左足真上に移動する

インパクトまでは、体を右に倒すように「縦回転」させることで、頭の位置が固定されるが、インパクト後は、「横回転」要素が強くなり、頭は自然に左足の上に移動する。そのまま回転すると、バランスのいいフィニッシュになる

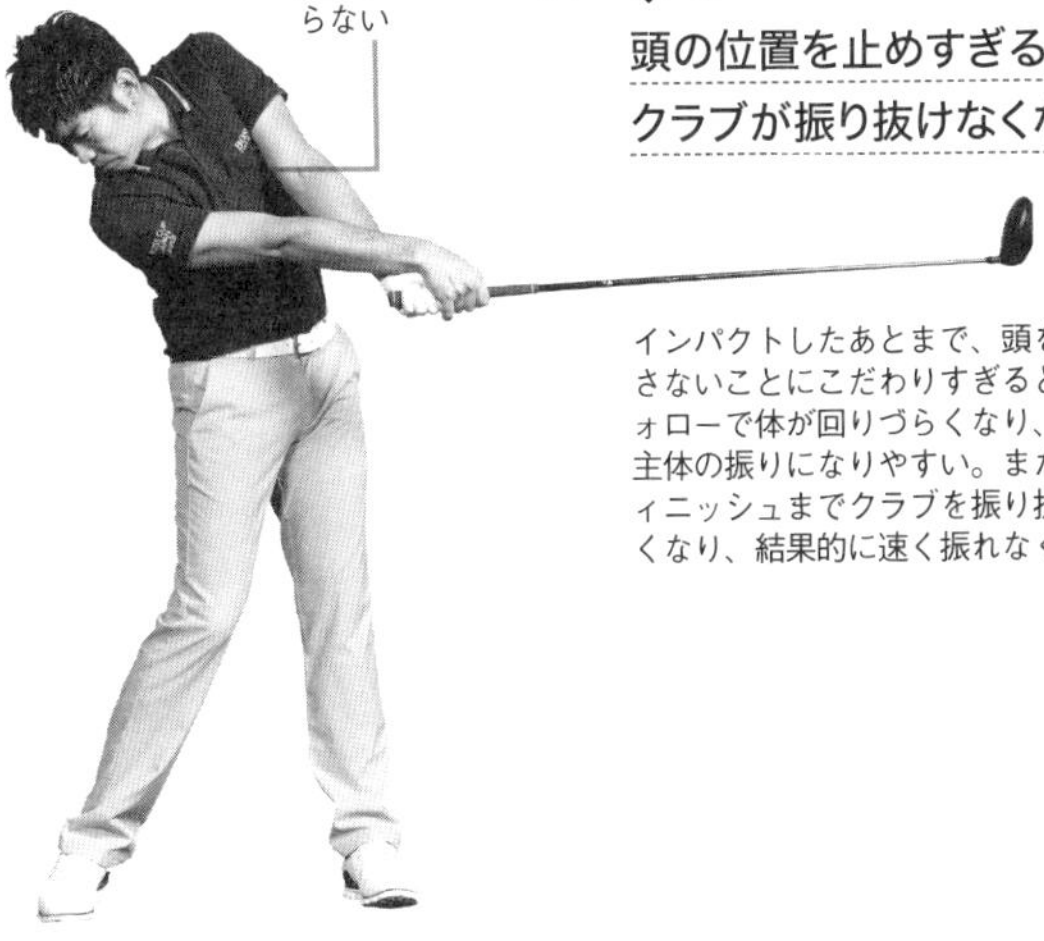

頭を止めすぎると
上体がスムーズに回らない

×

## 頭の位置を止めすぎると クラブが振り抜けなくなる

インパクトしたあとまで、頭を動かさないことにこだわりすぎると、フォローで体が回りづらくなり、腕が主体の振りになりやすい。また、フィニッシュまでクラブを振り抜けなくなり、結果的に速く振れなくなる

## 「常識」③ テークバックで右ひざを曲げたまま我慢する?

## 「ねじれ」を強くする意図があるが……

かつては、重い「パーシモン」(木製のヘッド)のクラブを振るために、下半身を固めて、遠心力に対抗しつつ、上体のねじれを強くして打つという考え方があり、「ひざを曲げたまま我慢する」というのは、いわばその時代からの「名残」と言ってもいいかもしれません。右ひざを曲げたままだと、腰の回転が阻害されるとともに、必要以上に「沈み込む」動作につながります。現代のプロの中にも、トップで右ひざが伸び切ってはいない人がいます。しかし、伸ばさないように「我慢」している人は、まずいません。飛ばし屋のプロほど、アドレスよりトップで頭の位置が高くなるケースが多く、つまり、テークバックでは、「伸びる」方向に力を使っているということになります。

◎

## 足の「トルク」で腰を回転させる

テークバックでは、左足のつま先側と、右足のかかと側に同時に体重を移動させることで、体に右回転の「トルク」が発生する。その際、右ひざが伸びて、重心を高く保つことで、次のアクション（切り返し）で、沈み込む（加重する）ことができる

右ひざが伸びて腰が回り重心が高く保たれる

※

## 右ひざを「曲げる」意識が不必要な沈み込みを招く

テークバックで腰を回転させるには、左ひざは曲げ、右ひざは伸ばすように動くのが自然。右ひざを曲げたままにしようとすると、腰が回転しづらくなるだけでなく、必要のない「沈み込み」の動作を招きやすい

右ひざを「我慢」することで体全体が沈み込んでしまう

## 「常識」④ 上体の前傾角度をキープする？

# 極端に体が起き上がらなければ問題ない

ゴルフの「軸」が「背骨」だという考えに立つと、上体の角度が変わるとボールに当たらなくなってしまうため、「前傾角度を変えずに振る」というのは、極めて自然なアドバイスと言えます。ただし、「背骨」だけを「軸」として回すというのは、現実的にはやや無理があり、前傾角を保とうとしすぎることで、むしろ前傾が深くなってしまう傾向が見られます。スイングには、「横回転」、「縦回転」の要素の他に、「前後回転」（目標方向軸による回転）の要素がありますが、これは、クラブの遠心力に対抗して、上体を倒したり、起こしたりする回転です。この要素がないと、ダウンスイングでは、クラブの遠心力に体が引っ張られて、必ず「ダフり」ます。

◎

## わずかな前後の角度変化はむしろ自然な動き

「地面反力」によって、スイング中の体には「前後」方向への回転要素も発生する。つまり、クラブが上に上がるときは、上体の前傾を深くし、クラブが下に下がるときには、上体の前傾を起こして、遠心力とのバランスを保っている

×

## 前傾角を保とうとすると上体が前に倒れやすい

スイングの「軸」を「背骨」ととらえ、その「軸」を不動のまま振ろうとすれば、上体の前傾角度は一定に保つほうがいい。ただし、スイング中の上体は、常にクラブの遠心力で引っ張られるため、それに耐えようとすることで、前傾が強くなりやすい

スイング中には体の「前後」方向にも「回転」要素が発生する

前傾角を「保つ」意識が強いと上体が前に倒れやすい

# インパクトでは上体が起き上がっていい

## 体と地面を適正な距離を保つ動き

ゴルフのスイングには、横回転(垂直軸による回転)、縦回転(前後軸による回転)、それに前後回転(目標方向軸による回転)の3つの要素が含まれていますが、3番目の「前後回転」は、なぜ必要なのでしょうか。ゴルフクラブをスイングすると、当然、かなりの遠心力が発生します。それによって、クラブが上向きに振られているとき(テークバックやフォロースルー)は、体が上方向に引っ張られ、クラブが下向きに振られているとき(ダウンスイング)は、下向きに引っ張られるということです。とくに、ヘッドスピードが最大になるインパクトゾーンでは、遠心力も大きくなるので、何もしないと、体が地面方向に引っ張られて、地面との距離が近くなり、「ダフる」ということになります。それを防ぐのが、体の「前後回転」です。つまり、ダウンスイングでは、クラブの遠心力に対抗する形で、上体を起き上がらせる方向に回転させ、体と地面との適正な距離を保つわけです。スイング中に上体の前傾角度や、頭の高さが変化することは、従来は「やってはいけない動き」に分類されているケースが多いのですが、実は自然な動きだったということになります。

## 体が前後に回転することで「ダフリ」を防ぐことができる

上体の前傾角度を保って振ろうとすると、ダウンスイングでのクラブの遠心力に引っ張られる形で、体とボール（地面）との距離が近くなり、「ダフって」しまう。ダウンスイングでは、上体を起こす方向に回転させることで、遠心力に対抗でき、体とボール（地面）との距離を適正に保つことができる

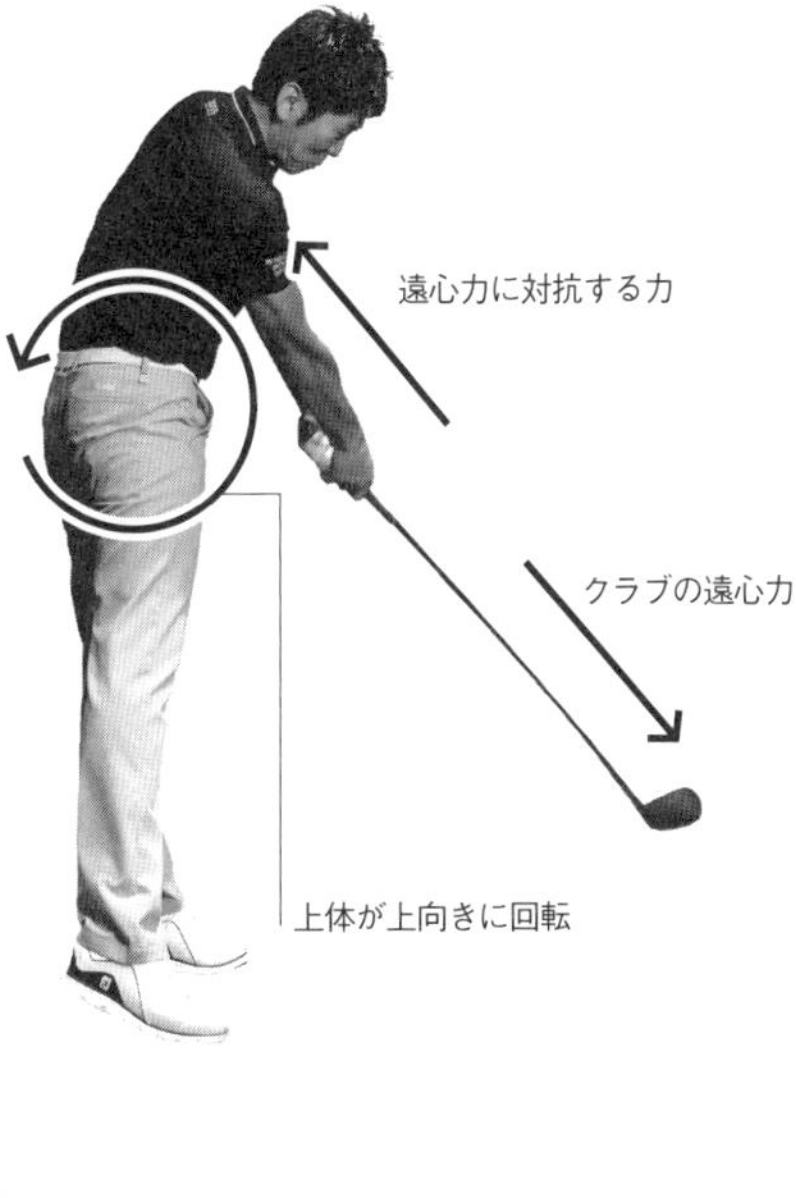

## 「常識」⑤ トップでは上体を強くねじる?

# 「足」から切り返せば「ねじれ」は大きくなる

トップでの、腰の回転角度と肩の回転角度の差を「Xファクター」といい、この角度差が大きいほど「飛ぶ」といわれているため、テークバックでは「上体をねじる」のがいいとされています。しかし、実際に「Xファクター」が最大になるのは、切り返しの直後なので、トップで無理にねじれを強くするよりも、きちんと「足」から動きを連鎖させて、下半身と上半身のねじれ戻りに「時間差」を作ることが大事です。トップでの「Xファクター」の大きさを重視するあまり、テークバックでは、肩を積極的に回すのがいいと考える人もいるようですが、これは本末転倒です。テークバックも、ダウンスイングも、「足」から動かすというのが、飛距離を伸ばすための必須条件だからです。

◎

## 下半身が先に逆回転することで「Xファクター」が最大になる

上半身と下半身のねじれ差が最大になるのは、実は、「切り返し」の直後。上半身がまだテークバック方向に動いている間に、下半身が先に逆方向への回転をスタートすることで、瞬間的にねじれ差が大きくなる。つまり、「Xファクター」は、「運動連鎖」によって作り出されるということ

×

## 上体をねじり切ってから切り返そうとしてしまう

トップでできる、腰と肩の回転差である「Xファクター」を大きくしようとして、下半身を踏ん張り、無理に上体をねじろうとすると、その時点で自然な動きではなくなる。そもそも、体の構造上、上体はそれほど強くねじれるようにはできていない

下半身が上半身より先に目標方向に回転する

自分自身で上体をねじるのには限界がある

## 「常識」⑥ 腕の「三角形」をキープして上げる？

### 「手打ち」防止には一定の効果がある

アドレスでできる、「肩と両腕の『三角形』をキープしたままテークバックする」というのは、上体の向きがまったく変わらずに、腕の動きだけでクラブを上げてしまうのを防ぐ意味合いがあります。ただし、それを意識しすぎると、リスト（手首）の自然な動きを妨げてしまい、トップまでのクラブの動きがスムーズでなくなる可能性もあります。テークバックの途中で、クラブが地面と平行になるポジションを、「ハーフウェイバック」といいますが、このポジションでは、すでに右ひじが曲がっているのが普通です。つまり、「肩と両腕の三角形」をキープするとしても、ギリギリ、ハーフウェイバックの位置までということになるでしょう。

◎

## ヘッドの重さにまかせて 手首を自然にコッキングする

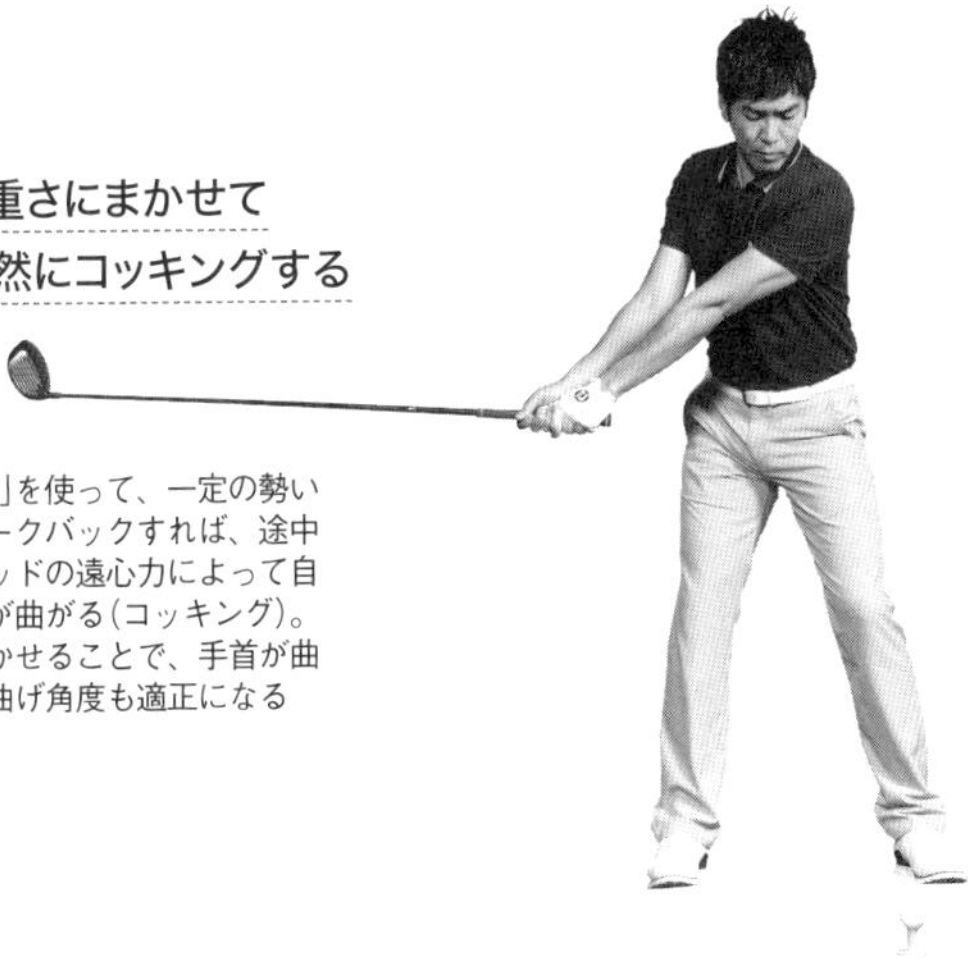

足の「トルク」を使って、一定の勢いを持ってテークバックすれば、途中からは、ヘッドの遠心力によって自然に両手首が曲がる(コッキング)。遠心力にまかせることで、手首が曲がる方向や曲げ角度も適正になる

「三角形」を保とうとしすぎて手首が曲げづらくなる

×

## リストをほとんど使わずに テークバックしてしまう

「肩と両腕の三角形」を崩さないように意識してテークバックすると、手だけでクラブを上げることができず、必ず上体が回転するのがメリット。ただし、意識しすぎると、手首の自然なコッキング(手首を曲げる動作)を抑制してしまう危険もある

「常識」⑦

# 手はいつも「体の正面」にある？

## 「手打ち」にならないようにすることは大事

「手をいつも体の正面に保つ」というのは、「肩と両腕の三角形」と同じで、腕だけでなく、きちんと体の回転も使って打つためのアドバイスです。あくまでも、「そういうつもりで」振るということであって、実際のスイング中には、腕が体の正面から外れる瞬間はあります。あまり厳密に実行しようとすると、腕の可動範囲を狭めることにつながります。逆に、手が体の正面から「外れる」というのはどういう状態かというと、胸の向きを正面に向けたままで、手を横方向に動かすことを指します。この動きだけだと、確かにインパクトの再現性を下げる要素のようにも思えますが、腰と上体の回転をともなえば、ごく自然な動きの一部になることもあります。

## ◎

### 「地面反力」を使って まず体をしっかり回す

テークバックを腕の力で上げてしまうと、「運動連鎖」の順番がバラバラになる。「地面反力」を使って、腰、上体、腕と、回転の力が伝わっていくようにテークバックすると、「手打ち」にはなりにくく、体と腕の動きがシンクロしやすい

## ×

### 手をずっと「体の正面」に 保つのは不可能

「手を常に体の正面に保つ」というのは、手(腕)の動きと、体の回転がバラバラになるのではなく、同調(シンクロ)させて動かす(胸と両ひじでできた空間を変えない)ほうがいいという意味。ただし、実際は、テークバックの途中から、手が体の正面から外れる時間がある

足の動きをきっかけに下から回転が伝わってくる

この状態のままトップまで上げることはできない

「常識」⑧

# トップでは一瞬「間」をおく？

## 本来は「運動連鎖」をうながすためのアドバイス

スイングの動きには、完全な「静止点」はないのですが、トップで一瞬止まる感じで、「間をおく」ほうがいいという人もいます。これは本来、切り返しで「運動連鎖」の順番が間違っている（上半身から切り返している）人に対して、打ち急がずに、きちんと「足」から切り返せるようにするためのアドバイスです。「運動連鎖」が正しく起こるという前提で言えば、トップで止まる必要はありません。松山英樹プロのスイングが、トップで一瞬、止まるように見えるため、「やっぱり、間があったほうがいい」と思っている人も多いはずです。しかし、注目すべきは、松山プロが一瞬の間の次の瞬間に、どこからダウンスイングをスタートさせているかということです。

◎

## 下半身と上半身が違う方向に動いて「間」ができる

切り返しでは、左足への「加重」による、「地面反力」の力によって、まず下半身が回転をスタートする。そのとき、上半身はまだテークバック方向に動いているが、下半身の回転によって動きの方向を変えられる。そこに、一瞬の「間」が生じる

×

## 動きを「止める」ことで「連鎖」が起きなくなる

トップは「静止点」ではなく、動きの方向が入れ替わる瞬間に、まるで静止するかのような「間」が生まれるだけ。しっかり「止まろう」と意識してしまうと、切り返しで、下半身ではなく、上半身から動きだしてしまうなど、「運動連鎖」の不具合につながる

トップで「間」がありすぎると上半身から切り返してしまいやすい

「常識」⑨

# ダウンスイングでは「沈み込む」？

## 左足への「加重」の意識が過剰に働いたもの

切り返しでは、左足に「加重」して、「地面反力」を得る必要がありますが、それを確実に行うために、「ダウンスイングで沈み込む」というような意識で振っている人も多いようです。しかし、左足に「加重」するのは、切り返しのほんの一瞬でよく、ダウンスイングの後半まで、沈み込んだままでいてしまうと、せっかくの反力がスイングに反映されなくなってしまいます。また、必要以上に「沈み込んだ」状態で、インパクトを迎えると、当然、「ダフる」ということになりますが、体がそれを事前に察知して、インパクト直前で急激に伸び上がり、「トップ」するケースも多くなります。いずれにしても飛距離を伸ばすという目的に対しては不利に働きます。

◎

## 瞬間的に「加重」して すぐに「地面反力」を得る

左足に「加重」するのは、切り返しの一瞬だけ。次の瞬間には、「地面反力」を受けて左足が伸び始め、それが体の「横」、「縦」の回転を加速させる。瞬間的に強い力で「加重」するほど、受ける「地面反力」も大きくなり、回転速度もアップする

瞬間的に「加重」してすぐに「抜重」する

沈み込むだけでは「地面反力」を使えない

×

## 沈み込む時間が長すぎると 「地面反力」を生かせない

「地面反力」を使うには、左足への「加重」が欠かせないが、加重時間は長くなくていい。ダウンスイングの後半まで、沈み込み続けることによって、反力を受けるタイミングが遅れると、それがスイングに反映される前にインパクトを迎えてしまう

「常識」⑩

# 切り返しでは体重移動がいちばん大事？

## 「体重移動」は体が「移動」することではない

切り返しで「右から左に体重移動する」というのは、要するに、左足への「加重」をうながすアドバイスではあるのですが、「移動」という言葉の響きによって、左右方向への体の動きが過剰になってしまう人も多いようです。つまり、テークバックで右に動きすぎ、ダウンスイングで左に動きすぎるということです。体自体の移動は少なくても、きちんと左足に「加重」することは可能です。切り返しでの、腰の水平方向（目標方向）への移動のことを、「バンプ」と言いますが、「バンプ」自体はあったほうが、スムーズに左足に「加重」できます。ただ、「バンプ」の時間が長くなればなるほど、クラブが下りてこずに、「振り遅れ」やすくなるので、注意が必要です。

◎

## 左足を斜め前に踏み込むイメージ

切り返しでの左足への「加重」は、左足のほうに、右足より多く体重がかかっていればそれでいい。体ごと左に移動する必要はなく、左足のやや斜め前に踏み込むようなイメージで、素早く「加重」するのがいい

×

## 横方向への移動の意識が強すぎる

切り返しでの「加重」の際、「左足への体重移動」という意識が強いと、体全体が左方向に移動してしまうことが多い。左腰を突き出すように動かしたり、頭が左に動きすぎたりすると、効果的に「加重」できず、「地面反力」も得られにくい

左足に多く「加重」することで「地面反力」が「縦回転」要素に変換される

腰が目標方向に大きくスライドしてしまう

「常識」⑪ 左への踏み込みが強いほど飛ぶ？

# 踏み込みの意識が強すぎると「抜重」のタイミングを逃す

切り返しでの、左足への「加重」は、「体重移動」だとか「踏み込み」だとか、いろいろな呼び方がされています。それだけ、重要だということの証ですが、「加重」したら、「抜重」もセットにしないと、「地面反力」を有効に利用することはできません。「とにかく踏み込みを強く」とだけ意識してしまうと、「抜重」のタイミングを逃してしまうので、注意が必要です。「加重」が最大になるのは、ダウンスイングで腕が地面と平行になるポジション付近です。そこから先は、積極的に「抜重」することで、「地面反力」を最大限に受けることができますが、そのポジションを過ぎて、さらに「加重」してしまうと、「抜重」のタイミングがインパクトに間に合わなくなってしまいます。

◎

## ダウンスイング中盤で左ひざはもう伸び始める

切り返しでの、左足への「加重」は、ほぼ一瞬で終わり、「地面反力」の力で、クラブの加速がスタートする。その後は、左ひざが伸び始めて、「抜重」の段階となり、ダウンスイング後半ではクラブの加速も終えて、ひざが伸びきった状態でインパクトを迎える

タイミングよく「抜重」するとクラブが急激に加速する

×

## 左足がいつまでも「加重」し続けている

「加重」したら、「地面反力」を受けて左ひざを伸ばし、スイングを加速させる力に変換しなければいけない。ひざが伸び始めると、もう「加重」の段階から、「抜重」の段階に移行している。「抜重」のタイミングが遅れるほど、スイング加速のタイミングも遅れる

左足への「加重」が「抜重」に転じないとスイング速度は上がらない

「常識」⑫

# ダウンスイングでは真っ先に腰を回す？

## 先に「加重」しないと「空回り」になる

インパクトで腰が回転し続けていないと、腕の力を使ってクラブを振り抜くしかなく、それで、「腰を回せ」というアドバイスがあるわけですが、腰は、左足に「加重」した際に発生する「トルク」によって回るものと考えてください。つまり、「加重」を省略して、あわてて「腰を回す」のはよくないということです。

◎

**左ひざが伸びることで腰の回転が加速する**

インパクトに向かって、左ひざが伸びることで、肩の縦回転がうながされ、クラブが加速する。同時に、左足のつま先方向への「加重」に対する「地面反力」によって、腰の横回転がうながされ、それがやはりクラブ速度を上げてくれる

×

## 「加重」がないと左腰が引けてしまう

切り返しで、右足に多く体重がかかった状態で、いきなり腰を回してしまうと、いわゆる「スピンアウト」という状態になり、左腰が引けて、フェースが開いた状態でしかインパクトを迎えられなくなる

受ける「地面反力」の向きが悪く後ろに押されてしまう

×

## 腰だけが先行しすぎるとクラブが「振り遅れ」状態になる

「常識」⑬

# フォローでは左ひざを伸ばさない？

## 下半身を「踏ん張る」のがいいとされた時代の「名残」

「テークバックの右ひざ」同様、「フォローで左ひざを曲げたまま我慢する」というのは、やはり、下半身を踏ん張って、重い「パーシモン」のクラブを振っていた時代の「名残」のような感じがします。あまりにも早いタイミングで、ひざが伸びてしまうのは問題ですが、切り返しで左足にしっかり「加重」されていれば、その後は「地面反力」によって、ひざが伸びるのが自然と言えます。左ひざをまったく伸ばさないようにしてしまうと、左腰がほとんど回転しなくなってしまいますので、スイングスピードを上げるという点では不利になります。また、腰の回転が止まると、必要以上にクラブが返りやすくなるので、左へのミスも出やすくなってしまいます。

◎

## 左ひざを伸ばすとクラブが自然にリリースされる

「地面反力」を受けて、左ひざが伸びることで、クラブの加速（縦回転軸による回転）と、腰の回転（横回転軸による回転）が同時にうながされ、それによってクラブが最適なタイミングでリリースされる。「加重」から「抜重」への移行をスムーズに行うことが大事

左足は「抜重」状態にあり
ひざは自然に伸びる

×

## 左ひざを曲げたままだとクラブがリリースされづらい

左ひざが伸びることで、腰が回転し、クラブが自然にリリースされるが、左ひざを曲げたまま我慢してしまうと、腰の回転がストップし、クラブがリリースされづらくなる。そうなると、無理に腕でクラブを返す振り方になりやすい

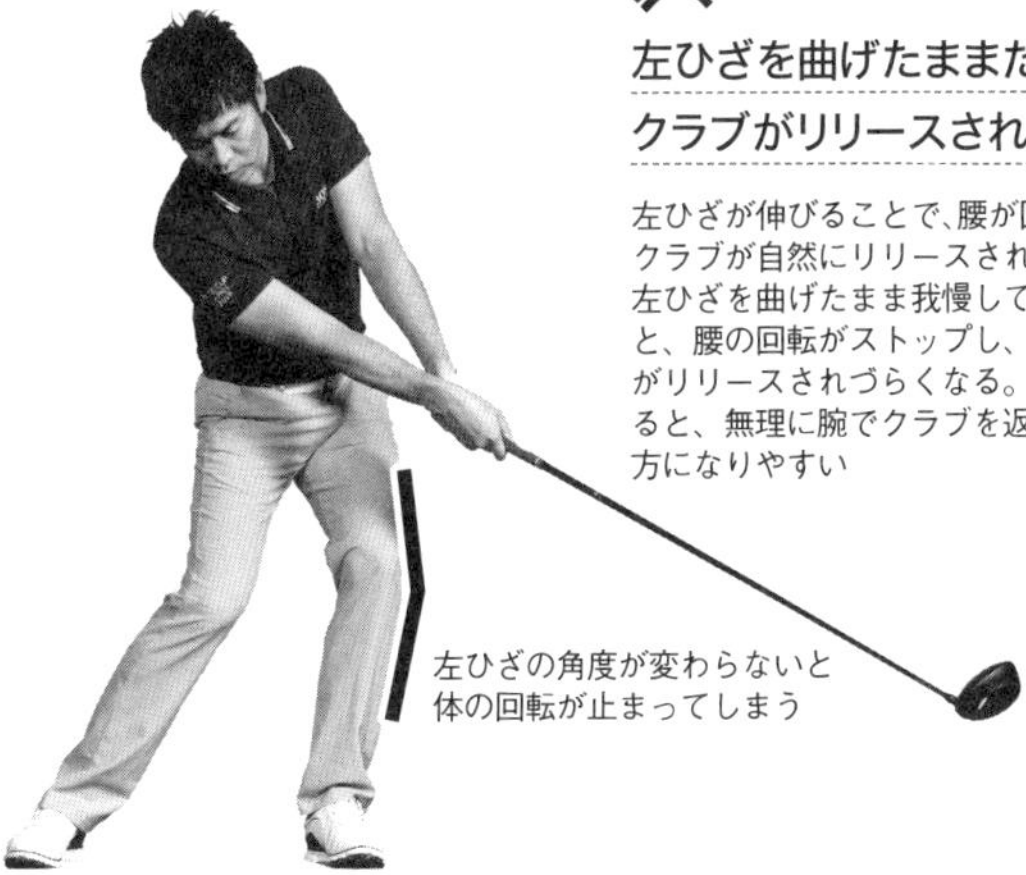

左ひざの角度が変わらないと
体の回転が止まってしまう

「常識」⑭ 右足を強く蹴ると飛ぶ？

# 「蹴る」というより、つま先側に「加重」する

ダウンスイングで右足を「蹴る」ことが、ヘッドスピードアップにつながると考えている人は多いかもしれません。確かに、ダウンスイングでは、右足のつま先側に体重をかける（と同時に左足のかかと側に体重をかける）ことで、体の回転を加速することができます。「蹴ろう」という意識が強すぎると、右ひざが前に出て、回転の軸がゆがみ、正確にヒットしづらくなります。また、右足を「蹴る」意識が強すぎて、切り返しのタイミングで、左足よりも右足に多く「加重」してしまうのも問題です。右足の「加重」が多いと、「地面反力」のベクトルが体の右サイド方向に傾き、クラブが振られる方向とは反対に回転する力に変換されて、ヘッドスピードが減速してしまうからです。

◎

## 右足はつま先に「加重」して「地面反力」で体を回す

「竹とんぼ」を飛ばすときに、左右の手をそれぞれ反対側に動かすのと同じ要領で、テークバックでは、右足かかとと左足つま先、ダウンスイングでは、逆に左足かかとと右足つま先に「加重」することで、体の回転を加速させることができる

右ひざを前に出さずにつま先側に「加重」する

×

## 「蹴る」ことで右ひざがボールに近づいてしまう

ダウンスイングでは、右足つま先側と、左足かかと側へ、同時に「加重」することで、体の回転(垂直軸回転)が加速する。「蹴る」というイメージで、このときの右つま先への「加重」が上手くいくならそれでいいが、右ひざが前に出てしまうようだと、逆に回転が阻害されるので注意が必要

右ひざが前に出るとボールに上手く当たらなくなる

「常識」⑮

# ボールをつかまえるには手を返す?

## よどみなく回転すればクラブは自然に返る

インパクトで、「ヘッドを返せ」というのは、ボールがつかまらない初心者に対しては有効なことが多いですが、あくまでも応急処置的なやり方で、ある程度クラブが振れるようになってくると、今度は「引っかけ」が止まらなくなります。「地面反力」を使って、3つの回転軸による回転をしっかりと行えば、クラブが十分に加速して、ヘッドが自然に返るので、無理に手を使って返す必要はなくなります。目安として、フォローの、シャフトがおおむね地面と平行になるポジションで、フェースが地面方向を向いているようだと、ヘッドが返りすぎています。自然なヘッドターンでは、クラブのトウがほぼ真上を向いて、フェースがほんの少しだけ閉じている状態になります。

◎

## クラブの自然なリリースでヘッドが返る

「地面反力」を使い、「運動連鎖」が上手く働くと、適切なタイミングでクラブがリリースされ、ヘッドも必要十分な量だけ、自然にターンしてボールをつかまえてくれる。インパクトで、「ヘッドを返す」という意識は必要がなくなるということ

✕

## 自分で手を返すと「引っかけ」しか出なくなる

ボールがつかまらないのは、何らかの原因で、クラブの正常なリリースが妨げられているから。例えば、「左ひざを曲げたまま我慢する」と、上手くリリースができないので、それを補うために、手を使ってヘッドを返す必要が出てくる

フェースが下を向くのは
手を使って返している証拠

## COLUMN 02
「地面反力」との出会い②

# 50代のクォン教授は地面反力で320ヤード飛ばしていた

クォン教授のセミナーに何度か参加して、最初はよくわからなかった「地面反力」の概念が、ようやくわかってきたころ、たまたま教授と一緒にラウンドする機会がありました。そこで私は、ドライバーの飛距離で教授に40ヤードも置いていかれ、愕然とすることになります。

クォン教授は、身長が170センチと、特別大きいわけでもなく、普通の体型で、トレーニング嫌いなので、筋力が強いわけでもありませんでした。また、クォン教授のスイングは、お世辞にもきれいなものではなく、どうしてそんなに飛距離が違うのか、当時の私にはさっぱり理解できませんでした。しかし、50代の普通の「おじさん」が、自分の目の前で320ヤードもかっ飛ばしているという現実は、あまりにも衝撃的で、その場で私は彼に師事することを決心したのです。それから、「地面反力」を真剣に学び、自分でも飛距離を伸ばしただけでなく、多くのアマチュアが急激に飛距離アップするのを目撃してきました。クォン教授の教え子には、タイガー・ウッズを復活させた、クリス・コモもいます。「地面反力」が、どんな人にも役に立つという、何よりの証拠ではないでしょうか。

Chapter 5

# 5章

# 「地面反力」の練習法

## 地面反力を使って20ヤード飛距離をアップしよう

# 1 「飛ばす」ために必要なものは何か？

## 飛ばないのは「体力」のせいではない

自分の飛距離に「満足している」というゴルファーは、ほとんどいないのではないでしょうか。もっと「飛ばしたい」と思うのは、プロでもアマチュアでも同じだと思います。

ところが、その一方で、アマチュアゴルファーの多くは、飛距離を伸ばすことを「あきらめている」ように感じます。その理由は、「自分は体格が大きくないから飛ばせない」とか、「筋力トレーニングをしないと飛ばせない」、あるいは、「年を取って体がかたくなってきたから、昔みたいに飛ばせない」という具合に、飛距離が出ない原因を、「体力」や「筋力」、「柔軟性」に結び付けて考えているからです。

ですが、この3つは、飛距離を出すための「必須条件」ではありません。とくに、**アマチュアが飛距離を出せない原因は、「体力」や「筋力」とは別のところにある**のです。

## 運動の回路をつなぐことが最優先

例えば、飛距離アップのために、筋力トレーニングをする場合、それによって、どれだけ飛距離を伸ばせるかは、「どういうスイングをしているか」によります。つまり、きちんと「運動連鎖」が働いているスイングであれば、筋力の増大に応じた飛距離アップを実現できますが、「運動連鎖」が上手く働いていないスイングの場合は、筋力がアップしても、飛距離にはさほど結び付かないということです。運動の回路が切れている状態で、いくらトレーニングをしても、意味がないのです。

つまり、**優先すべきなのは、「運動連鎖」が働く、スイングの動きを習得すること**、そのために、「地面反力」を最大限に利用することです。それだけで、ほとんどのアマチュアは、驚くほど飛距離を伸ばすことができます。それでも飛距離に満足できない場合に限って、初めてトレーニングが必要になってくるということです。

## 2 「筋力」の飛ばしは長く続かない

### アスリートが「ゴルフも上手い」とは限らない

「筋力」や「柔軟性」が、「飛ばし」には直結しないというのは、ゴルフ以外のアスリートが、ゴルフにトライする様子を見ればわかります。

**「筋力」も「柔軟性」もあり、他のスポーツではトップ選手だったとしても、ゴルフのクラブを上手く振れるとは限りません。なぜなら、「ゴルフのスイング」という新しい動きに対しては、トップアスリートでも、すぐには動きの回路がつながらないから**です。もちろん、動きの「勘」の鋭い人であれば、すぐに「コツ」をつかんで、急速に上達するケースもあります。ですが、いつまでも「コツ」をつかめずに、普通の非アスリートゴルファーと同じように、「飛ばない」悩みを、かかえ続ける人もいるのです。

## 「地面反力」は飛距離の下降曲線がゆるやかになる

「筋力」というのは、当然、あればあるだけパワーを出すことができます。ですから、「地面反力」を使えずに、「運動連鎖」の働いていないスイングをしていたとしても、圧倒的な「筋力」があれば、1発だけなら、ものすごい飛距離を出すこともできます。

しかし、それではスイングの安定性が低いので、「平均飛距離」で比較すると、一般的なアマチュアと、あまり変わらないかもしれません。それに、「筋力」は、加齢によって必ず衰えるものです。30代、40代では、「筋力」で飛ばせても、そこから先は急激に飛距離が落ちるのを避けられないでしょう。

その点、「地面反力」を使って、**自分の持っている最大飛距離を出せるスイングを身につけると、加齢による飛距離の下降を、ゆるやかにすることができます。**むしろ、動きがより洗練されていけば、飛距離が伸びることすらあるかもしれません。

## 3 よくある飛ばし方の勘違いとは？

### 「力」を入れると飛ばなくなる!?

多くのアマチュアゴルファーが勘違いしているのは、「飛ばし」には、「力が必要」と思っていることです。この勘違いによって、スイングに「力み」が生まれ、効率的な体の動きを妨げているという側面があります。とくに、**切り返しで、上半身に力みが生じる人がとても多く、本来、「足」から動くべきところで、上体や腕から動きだしてしまうために、「運動連鎖」が上手く働かなくなって、結果的に「飛ばない」ということになる**わけです。つまり、「力」を入れても飛ぶようになるわけではなく、むしろ、「力」を入れることで、「飛ばなくなる」リスクが高くなるということになります。本書で繰り返し述べてきた通り、「筋力」（内力）に由来する「力」で飛ばすのには限界があります。本当に飛ばしたいのであれば、「力」に頼るのではなく、「地面反力」という「外力」を、最大限に利用するスイングを身につけることが大事なのです。

## アドレスの「力み」は禁物

スイングの中で、いちばん「力みやすい」のは、「切り返し」ですが、次に力みやすいのは、「アドレス」かもしれません。アマチュアのアドレスを見ていると、上半身に力が入っていて、腕や肩が持ち上がっている人が多くいます。その状態からでは、どうしても「腕」が先に動いてしまうので、その後の「運動連鎖」が上手くいきません。

また、グリップをギュッと握りしめてしまうと、クラブの挙動を敏感に感じることができなくなるので、スイング中のクラブコントロールが難しくなります。

**✕ アドレスが力んでいると「運動連鎖」は起こらない**

スイングの始動時は、上半身がリラックスしていないと、「足」の動きに反応して、適切な「運動連鎖」を起こすことができない。アドレスではグリップを強く握りすぎないこと。グリップ圧が強いと、腕から肩にかけて、連鎖的に力が入ってしまう

## 腕は「受動的」に動かす

体の部位で言うと、アマチュアがいちばん力を入れてしまいやすいのは、「腕」です。腕というのは、スイングの中で、「受動的に」クラブを誘導する役割を担っています。つまり、**「足」から「運動連鎖」がスタートして、下半身から上半身に動きが伝わっていく最終段階で、腕も「振られる」ことになる**わけですが、このとき、最後の最後で、クラブが自分の狙った通り道から大きく外れないように、少しだけ調整するのが、「腕」の役割ということです。

クラブの動きを敏感に感じて、もし軌道がずれていたら修正するためには、グリップの握る強さを、「一定以下」に保って振る必要があります。ギュッと握りしめてしまうと、その途端に、クラブの挙動を感じることができなくなるからです。

また、腕が振られるスピードやパワーというのは、あくまでも、「足」からの「運動連鎖」によって積み重ねられたものが反映されるので、「腕」自体が、「能動的に」パワーを発生させる必要はありません。むしろ、**腕を速く振ろうとすると、どうしても下半身**

**を踏ん張ってしまうことになり、「運動連鎖」がまったく働かなくなる**ので、思ったほどのスピードを出すことはできなくなってしまいます。さらに、腕を「能動的に」振ってしまうことのもうひとつの弊害が、切り返し直後に、手が前に出てしまい、「アウトサイドイン」の軌道になりやすくなることです。軌道が「アウトサイドイン」だと、スライスになりやすく、また、必要以上にヘッドが上から入りやすくなるので、ドライバーではスピン量が適正値より多くなり、飛距離のロスにつながります。

## ✕ 腕を速く振っても飛距離はアップしない

腕の力だけで作り出せるスピードは、たかが知れている。また、腕を速く振ろうとすると、「土台」を安定させようとして、必然的に下半身に力が入ってしまうため、「足」からの「運動連鎖」が起きにくくなる。そのため、思ったほど腕を速く振ることはできない

# 4 「タメ」は作らなくていい

## 「タメ」を作ることには弊害がある

もうひとつ、「飛ばし」に関して、アマチュアが持つ重大な勘違いは、「『タメ』を作れば飛ぶ」というものです。「タメ」とは、ダウンスイングにおける、腕とクラブの角度（手首の角度）のことで、この角度をできるだけ小さく保ったまま（タメて）振り下ろしてくることは、確かに、飛ばしに必要な要素のひとつではありますが、結論から言うと、**「タメ」は自然に「できる」ものであって、自分で「作る」ものではない**のです。

ダウンスイングで右ひじを絞ったり、右わきにくっつけたりといった、自分で「タメ」を作るような動きをしようとすると、切り返し直後に、グリップエンドを目標方向に向かって引き下ろしがちになるため、手がいきなり体に近づいてしまうという弊害があります。これによって、スイングの円弧が、本来あるべきはずの大きさより小さくなり、当然のことながら、

**ヘッドに伝わる遠心力が小さくなって、スピードを出すには不利な振り方になってしまいます。**また、グリップエンドを目標方向に引っ張ろうとすると、手が前に出る形になりやすく、「アウトサイドイン」の軌道を招きやすくもなります。

## 「手首」は固めないほうがいい

ダウンスイングでの、腕、手首、クラブの関係は、琉球古武術などで使われる武器の、「ヌンチャク」の動きに似ています。ヌンチャクは、2本の同じ長さの棒を、ひもや鎖で連結した武器ですが、中間部分に「手首」に相当するジョイントがあるおかげで、一方の棒を勢いよく振ると、その力に、もう一方の棒の遠心力(角速度)も加わって、大きな打撃力を発揮します。つまり、スイング中の「手首」は、ヌンチャクのジョイント部分のように、自由に動く状態になっているほうが、クラブを速く振ることができるということになります。「タメを作ろう」として、手首の角度を固定したまま頑張ってしまうと、逆にクラブのスピードは遅くなってしまうのです。「タメ」は、作るものというよりも、スイングすると「勝手にできるもの」と、考えておいてください。

# ダウンスイングでの腕の使い方を覚えるドリル

「地面反力」は、「足」から動きを連鎖させるのに必須の力。「地面反力」を使って、「運動連鎖」を起こすことで、スイングの問題点が一気に修正され、「見た目」的にも美しいスイングになる

## クラブを担いでから手を体から遠ざけて下ろす

クラブを首の後ろに
担いだ状態からスタート

手を体から
遠ざける方向に動かす
腕の速度に
クラブの遠心力(角速度)が
加わる

## 5 インパクトでは力を「抜く」

### 「地面反力」が最大になるのはインパクトではない

「地面反力」という言葉の響きから、踏み込んだ左足が「跳ね返ってくる」ところ、つまり、左足が伸びるところで、「反力」が最大になると思っている人が多いかもしれません。しかし実際は、切り返し後、**腕が地面と平行になるポジション付近で、「加重」が最大になり、それを受けた「運動連鎖」の結果として、左ひざが伸びるだけ**です（「地面反力」の大きさは、左右の足への「加重」の総和と等しい）。つまり、「地面反力」を使ったスイングは、インパクトの瞬間に力を入れて、地面を「蹴る」といったものではないということです。そのはるか手前で「加重」は終わっていて、インパクトではむしろ、力が「抜けている」というのが、正しい「地面反力」の使い方です。

## 最後まで振り切るためには力を「抜く」

そもそも、アマチュアゴルファーの多くは、「力を入れてボールを打ちたい」という気持ちが、強すぎるのが問題です。**強くボールを「ヒット」しようとすると、インパクト後に、スイングにブレーキがかかり、フィニッシュまで振り切れない**ことが多くなります。「強く打とう」、「ヒットしよう」と頭で意識すると、体は、ボールに当たってすぐにヘッドを「止めよう」としてしまうからです。これは、「金づち」で、釘を打つ際に、最後まで金づちを振り抜くのではなく、釘の頭に当たったところで急激に「止める」、あるいは「引く」ように動かすのと似ています。フィニッシュまでクラブを振り抜いて、「地面反力」による加速を、最後まで使い切りたいと思うなら、**インパクトでは力を「抜いて」ください。**「打とう」と思うのではなく、「スイングしよう」、「振り切ろう」と頭で思うことが大事です。上手く力が抜けて振り切れると、切り返しで左足に「加重」することで、「地面反力」が働き、それによってスイングがスムーズに加速する感覚がわかるはずです。

◎

## 力を抜いてインパクトするとヘッドがスムーズに出る

「加重」が最大になるのは、切り返し直後の、腕が地面と平行になるポジション。それ以降は、「抜重」に転じ、とくにインパクトで力を抜くことで、「地面反力」の効果を最大にできる。スイングスピードが上がり、フィニッシュまでしっかり振り切れる

×

## インパクトで力を入れるとフィニッシュまで振り切れない

力を入れて打とうとすると、インパクトでヘッドを止めるような打ち方になってしまい、フォローまで振り切れなくなる。加速したヘッドに急ブレーキをかけることになるので、せっかくの「地面反力」を使い切れない

# 6 「地面反力」を極めるドリル集

## 「コツ」をつかむためドリルを実践しよう

ここまで、「地面反力」の効果とその使い方について、要点となるところを重点的に説明してきました。まずは、試してみて、その効果を実感してください。もし、「上手く感覚がつかめない」、「きちんとやっているつもりなのに効果が出ない」というようなことがあれば、次に紹介するドリルを試してみてください。

「地面反力」は、誰でも使える力ですが、自転車に乗るのと同じように、少しだけ「コツ」が要ります。ここで紹介するドリルはどれも、その「コツ」をつかむヒントになるでしょう。

## 「加重」と「抜重」のドリル

「地面反力」を使う上で、切り返しでの左足への「加重」は欠かせませんが、その後に続く「抜重」がなければ、「地面反力」を最大限に活用することはできません。「加重」で得られる反力と、「抜重」によって回転が加速する感覚をつかんでください。

### ヘッドを加速させるには「抜重」のタイミングが大事

切り返しでの左足への「加重」の大きさに比例して、「地面反力」も大きくなるが、いつまでも「加重」し続けると、その力を使えない。タイミングよく「抜重」する感覚を身につけよう

## ドリル① 左足でジャンプする

右足を引いて、左足にほとんどの体重をかけた状態から、左ひざを曲げ、すぐに伸ばしてジャンプする。ひざを曲げたときの、足裏への「加重」の感覚と、すぐに伸び上がって、「地面反力」がジャンプする力に変換される感覚をつかむ。

②
「地面反力」を
利用してジャンプ
①
左足にしっかり
「加重」する

## ドリル②　左足でジャンプしながら腕を振る

ドリル①の動きに、腕の振りを付け加えてみる。右足を引き、左足にほとんどの体重をかけ、両手を振り上げた状態からスタート。左足への「加重」の後、ジャンプに転じるタイミングで腕を振り下ろすと、ジャンプによって腕の振りが加速されるのを感じるはず。

①
手をトップの位置にセットしておく

腕を振り切った状
態で着地
③
ジャンプによって
腕の振りが加速
②

## ドリル③ 左足でジャンプしながら腕を振り、回転して着地

ドリル②をやりながら、空中で体を左に90度回転させる。右足を引き、左足にほとんどの体重をかけ、手を振り上げたところからスタートするのは同じ。「加重」の後、ジャンプするのに合わせて腕を振りつつ、体も左に回転させる。「加重」の方向によって、受ける「反力」の方向も変わり、それが回転の「トルク」になる感覚がわかる。

①
左に回転するのをイメージしながら「加重」

③ 90度回転して着地
② 「地面反力」で体が回される

# 足の「トルク」のドリル

スイングの3つの軸回転のうち、「横回転軸」（垂直軸）の回転を回すのが、足の「トルク」です。横回転軸は、従来のいわゆる「軸」のイメージにもっとも近いものですが、「足」で回すのではなく、上体や腰を回す（あるいは、ねじる）ことで回すものだと思い込んでいる人が多いはずです。ここでは、左右の足に、それぞれ互い違いに体重をかける（加重する）感覚と、それによって軸回転の「トルク」が発生する感覚を身につけてください。

## 体の横回転を生み出すのは「足」の動き

体の横回転（垂直軸による回転）は、体を「ねじる」ことで生み出されるものではなく、「足」を動かすことによって、体が「回される」というのが正解。正しい「足」の使い方のコツを身につけよう

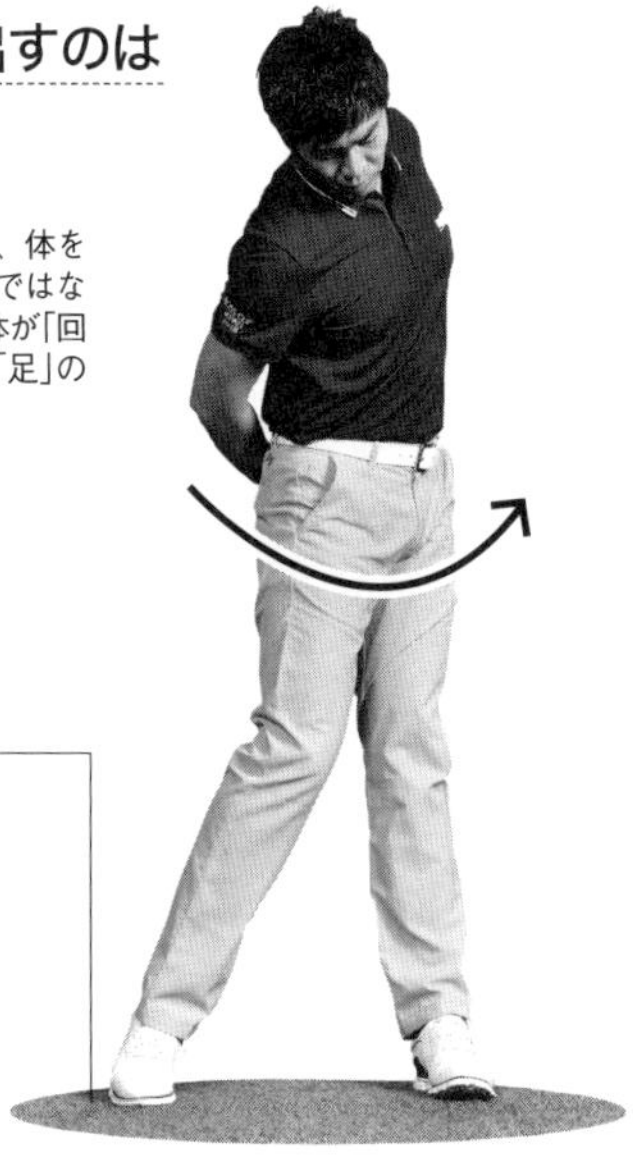

左右のつま先とかかとにそれぞれ互い違いに圧力をかけて体を回す

# 左右のかかとの上げ下げで足の「トルク」が発生する

テークバックでは、左足のつま先方向と、右足のかかと方向に「加重」することで、体を右回転させる「トルク」が発生する。切り返し以降は逆に、左足のかかと方向と、右足のつま先方向に「加重」すると、左回転の「トルク」が発生する。左右のかかとを、交互に上げ下げすると、それだけで体が左右に回るのがわかる

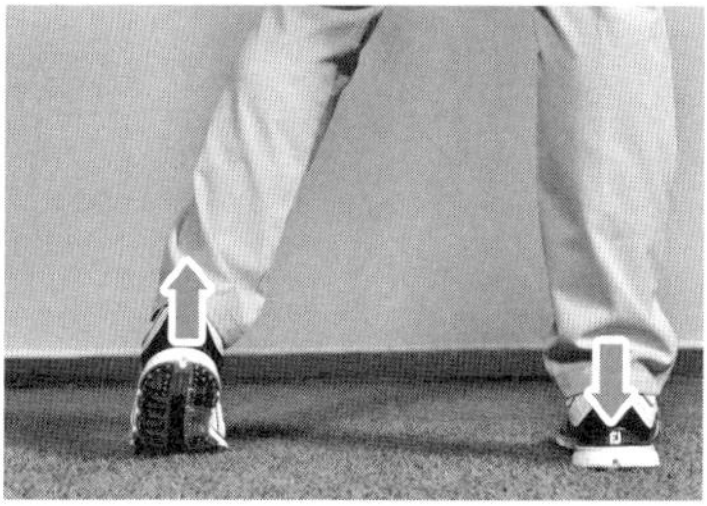

左足かかとが上がり
右足かかとに体重がかかる

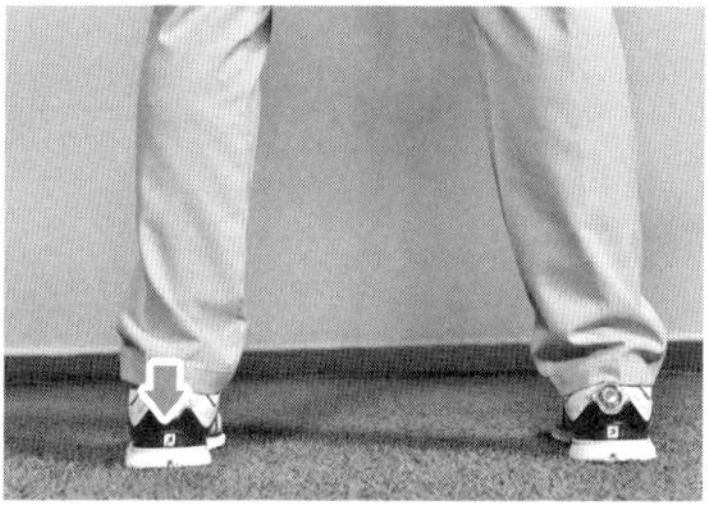

左足かかとを下ろすことでダウンスイングの回転がスタート

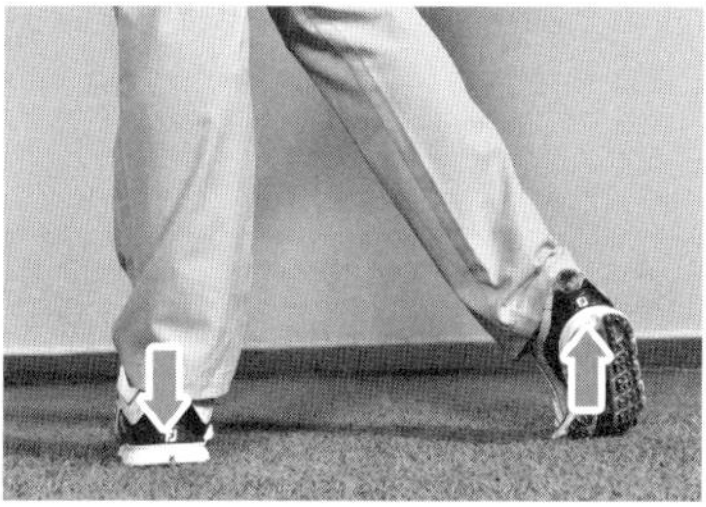

左かかとに加重し続け
右かかとを上げていく

## ドリル④ 足の動きで水平にクラブを振る

直立し、胸の高さで、クラブを水平に振る。このとき、体を「ねじらずに」、足の動きで体の向きを変えることを意識して行う。左右に回転する際、それぞれの足がどの方向に「加重」されているか、感じながら振ると、実際のスイングでも、足から回転をスタートさせやすくなる。

③

やはり足の動きを使って上体はねじらずに振る

アドレスの姿勢を起こしてクラブを胸の前にセット

上体はねじらずに足の動きでテークバック

# ドリル⑤ 足の動きで腰を回す

腰のラインにクラブをあてがい、足の動きを使って腰を回す。クラブの角度をチェックして、腰がしっかり回転していることを確認しながら行う。足を使うことで、腰の回転にはわずかに角度がある(右回転時は右腰が高くなり、左回転時は左腰が高くなる)ことがわかる。

両足の付け根部分にクラブを押し当てる

①

③
右回転すると右足
が伸びて右腰が高
くなる
②
左回転では左足が伸
びて左腰が高くなる

## ドリル⑥ ズボンのポケットを引っ張って腰を回す

腰を大きく確実に回すことで、上体は「ねじらずに」向きを変えることができる。と同時に、腰の回転と足の動きが、密接に関係していることが実感できる。テークバック側の回転では、ズボンの右前ポケットを、真後ろ方向に引っ張って回す。フォロー側の回転では、左前ポケットを、やはり真後ろ方向に引っ張る。

左ポケットを真後ろに引いて回る

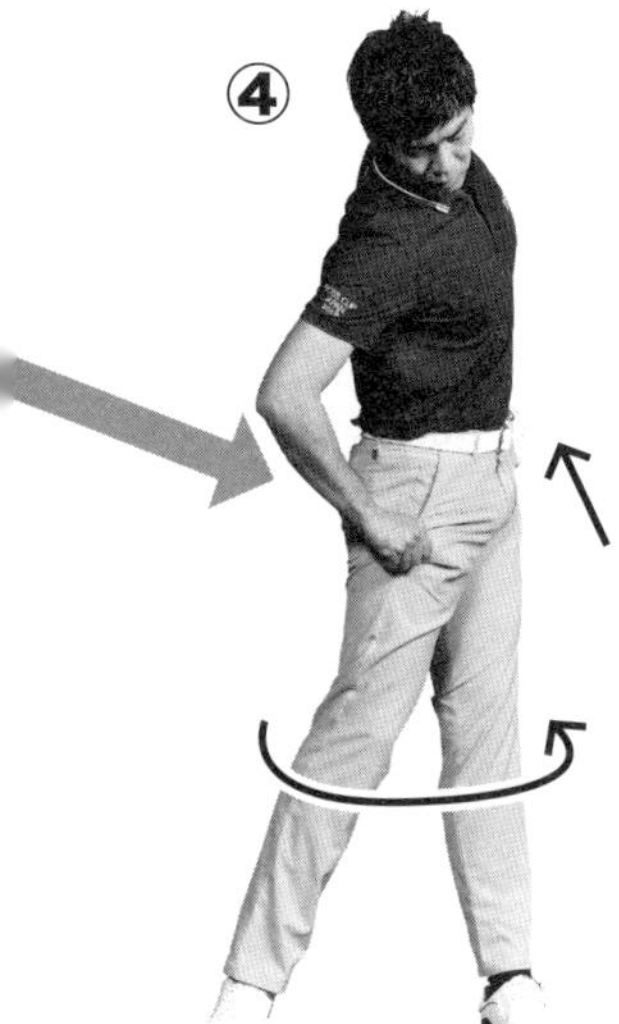

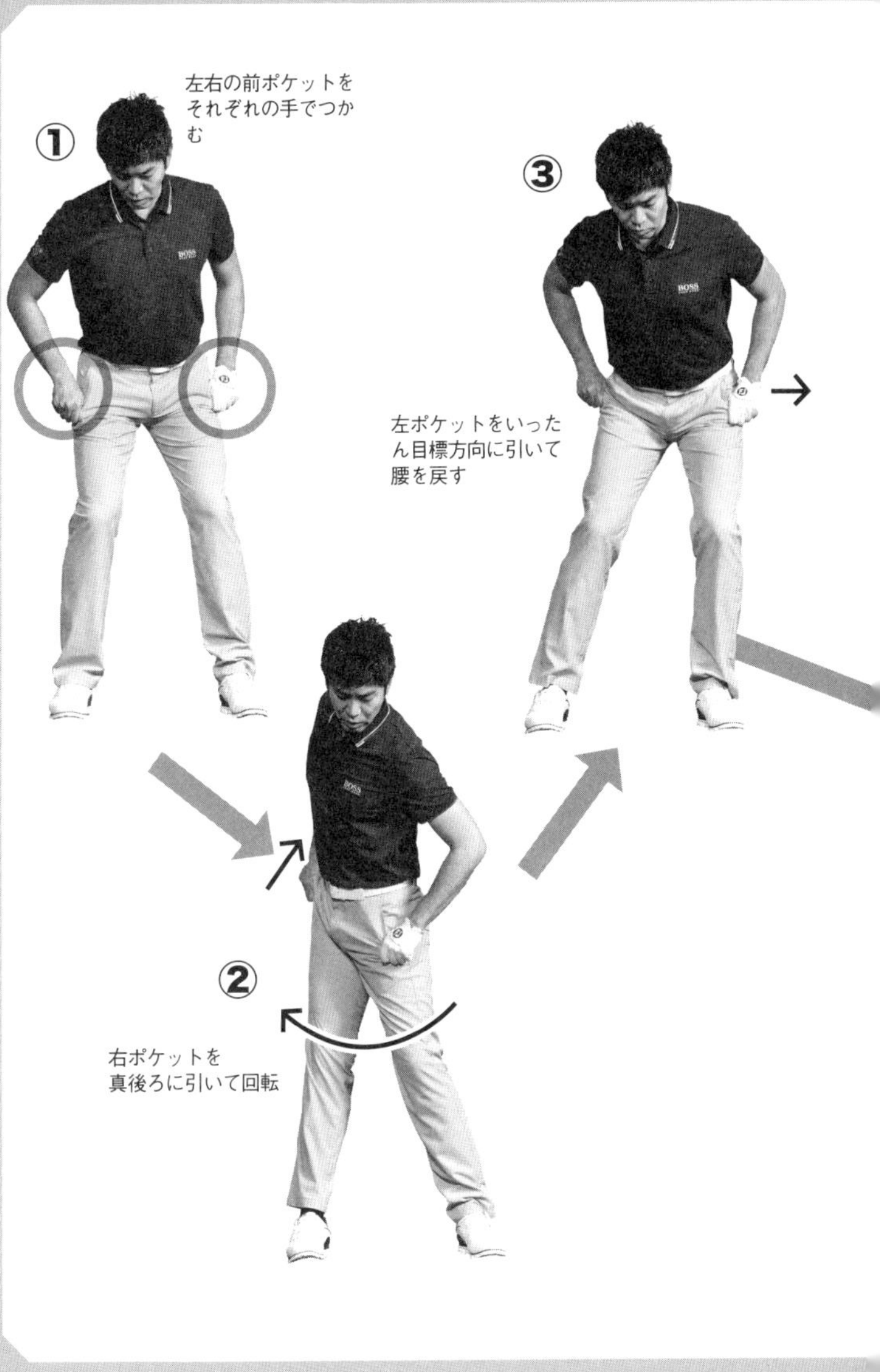
①
左右の前ポケットをそれぞれの手でつかむ
③
左ポケットをいったん目標方向に引いて腰を戻す
②
右ポケットを真後ろに引いて回転

ドリル⑦

# 右のポケットを引っ張ってクラブを上げる

足の動きで腰を回転させる感覚がわかったら、その腰の回転の勢いで、クラブを上げる(下ろす)感覚を身につける。左手でクラブを構え、右手はズボンの右ポケットをつかんだ状態からスタート。ポケットを引っ張って、腰を勢いよく回転させ、それをきっかけにクラブを上げていく。

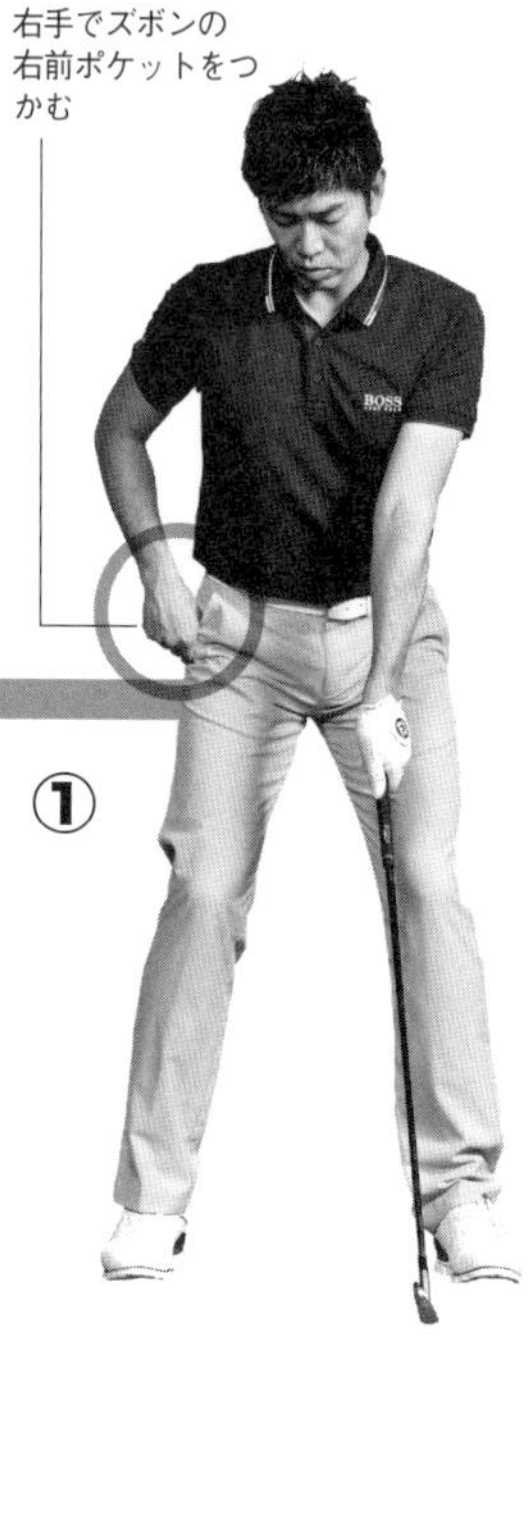

足から回転が連鎖してクラブがトップまで上がる

ポケットを引っ張って腰を回しスイングスタートのきっかけにする

ドリル⑧

# 左のポケットを引っ張ってクラブを振る

ダウンスイングでも、足の動きをきっかけに、腰が回転し、その後でクラブが下りてくるという、「運動連鎖」の順番を確認する。右手でクラブをトップの位置に保持し、左手はズボンの左前ポケットをつかむ。左手を引っ張ると、クラブがまだトップの位置に残った状態で、腰が先行して回転する感覚がつかめる。

左手を引っ張り続けるとクラブがリリースされる

右手でトップを作り
左手は左のポケット
をつかむ

左手を引っ張ると腰の回
転に続いてクラブがダウ
ンスイングに入る

## 7 体のナチュラルな動きを使って振ろう

### もっと「自由」に振っていい

本書の第1章で、「地面反力」を使ってスイングする、究極の目的は、「気持ちよく振る」ことだと書きました。ゴルフのスイングは、**本来、体のナチュラルな動きの積み重ねであるべきで、また、そうである限り、体に過度な負担がかかることはあり得ません。**

ところが、多くのアマチュアゴルファーは、スイングが「キツいもの」だというイメージを持っているような気がします。それは、スイングの「形」にとらわれすぎて、体を「自由」に動かして振るということを忘れてしまっているからです。

例えば、本書で繰り返し説明している、**「足を使って体を回転させる」というのは、体を自由に動かして振るための第一歩**と言えます。これと対極にあるのが、両足を踏ん張って、上体をねじって腕を振るという、従来はむしろ「推奨」されていたやり方でしよう。両者のスイングを見比べてみれば、足を「止めて」、腰を回したり、上体をねじったりする動きが、いかに「不自然」で、「不自由」なものか、わかるはずです。

## 自由なスイングは超高効率スイング

「自由に振ったら、ボールに当たらなくなるじゃないか」と、反論する人もいるかもしれません。「自由に振る」というのは、「適当に振る」とか、「でたらめに振る」というのとは違います。**体の本来の機能を、機能通りに使うことで、動きに無理や無駄がない**というのが、「自由」ということで、**「自由なスイング」は、体にやさしいと同時に、究極の効率性を持つスイング**です。それに比べ、「形」にとらわれた、「不自由」なスイングは、ナチュラルな動きの連鎖を断ち切ってしまう側面があり、一生懸命振っても「飛ばない」、ということが、どうしても起こります。

◎

## 足を使って回転すると
## 動きが「自由」で「自然」になる

足から上半身に向かって「運動連鎖」が起こるスイングは、見た目にも自然で、体に無理がない。逆に言えば、どこかに無理があるように見えるスイングは、「運動連鎖」が上手く働いておらず、体にも負担の大きいスイングである可能性が高い

×

## 下半身を止めて腕を振ると体にかかる負荷が大きい

「土台」を安定させる意味で、両足をしっかり踏ん張ってスイングする人も多いが、足を動かして回転するスイングと比較すると、いかにも窮屈で、「不自由」な動きであることがわかる。窮屈な動きは、体への負担も大きいので、疲労や、最悪の場合、ケガの原因になる

# 「縦回転軸」(前後軸)の回転ドリル

「地面反力」の垂直方向の力が、スイングのスピードに変換されるためには、多くのアマチュアにとって、おそらくあまり馴染みがないであろう、「縦回転軸」(前後軸)による回転を、確実に行わなくてはいけません。そこで、最後に、「縦回転軸」による回転のイメージをつかむためのドリルをいくつか紹介します。このドリルで、スイングの中の「縦回転」要素に気づくと、一気に「地面反力」の使い方の「コツ」がわかるのではないかと思います。

## 「地面反力」を「縦回転」に変換してヘッド速度を上げる

「地面反力」という垂直方向の力で、なぜスイングの円運動が加速するのかといえば、「地面反力」が体の「縦回転」(前後軸による回転)に変換されるから。ヘッド速度に直結する「縦回転」のイメージをつかもう

# ドリル⑨ ものを両手で真上に投げる

テークバックの感覚を養うドリル。バレーボールのようなものを両手で持って、体の右上に思い切り投げようとすると、腕を振っていく方向への「加重」、「地面反力」による腕の振りの加速、「縦回転軸」（前後軸）の回転による、「地面反力」の腕振りのスピードへの変換など、ゴルフのスイングで必要な要素がすべて含まれた動きになる。

運動の方向を逆（ボールを体の左上方向に投げる）にすると、フォロー側での「縦回転」のドリルにもなる。フォロー側の場合は、ボールを真上ではなく、斜め前方方向に投げるように意識すると、実際のスイングの動きに近くなる。実際にはものを投げずに、投げたつもりで腕を振るだけでもいい。

## テークバックの感覚を養うドリル

大きめのボールを持って
（あるいは持っていると仮定して）
それを体の右上方向に投げる

腕を振っていく方向の足に
「加重」して「地面反力」を得る

※

ひざが曲がったまま
**→腕がリリースされず**
**自分に向かって投げてしまう**

※

「縦回転」要素が少ない
**→上体が横に回りすぎて**
**背中方向に向かって投げてしまう**

「縦回転軸」(前後軸)の回転により末端まで加速が伝わる

## ドリル⑩ バケツの水を両手で真上にまく

水の入ったバケツを両手で持ち、中の水を真上の方向にまく。基本的には、ドリル⑨と同じ動きだが、水をバケツから出すには、より勢いよく「縦回転」要素を使う必要がある。練習場にある、「ボールかご」を使っても、同じ動きを再現できる。

右足に「加重」しているが
重心は真ん中にある

※

自分に水をかけてしまう
→**「抜重」が不十分**

※

背中側に水をまいてしまう
→**「縦回転」が上手く**
**できていない**

「重心」の位置を中心に
体を左に回転させて(倒して)
水をまく

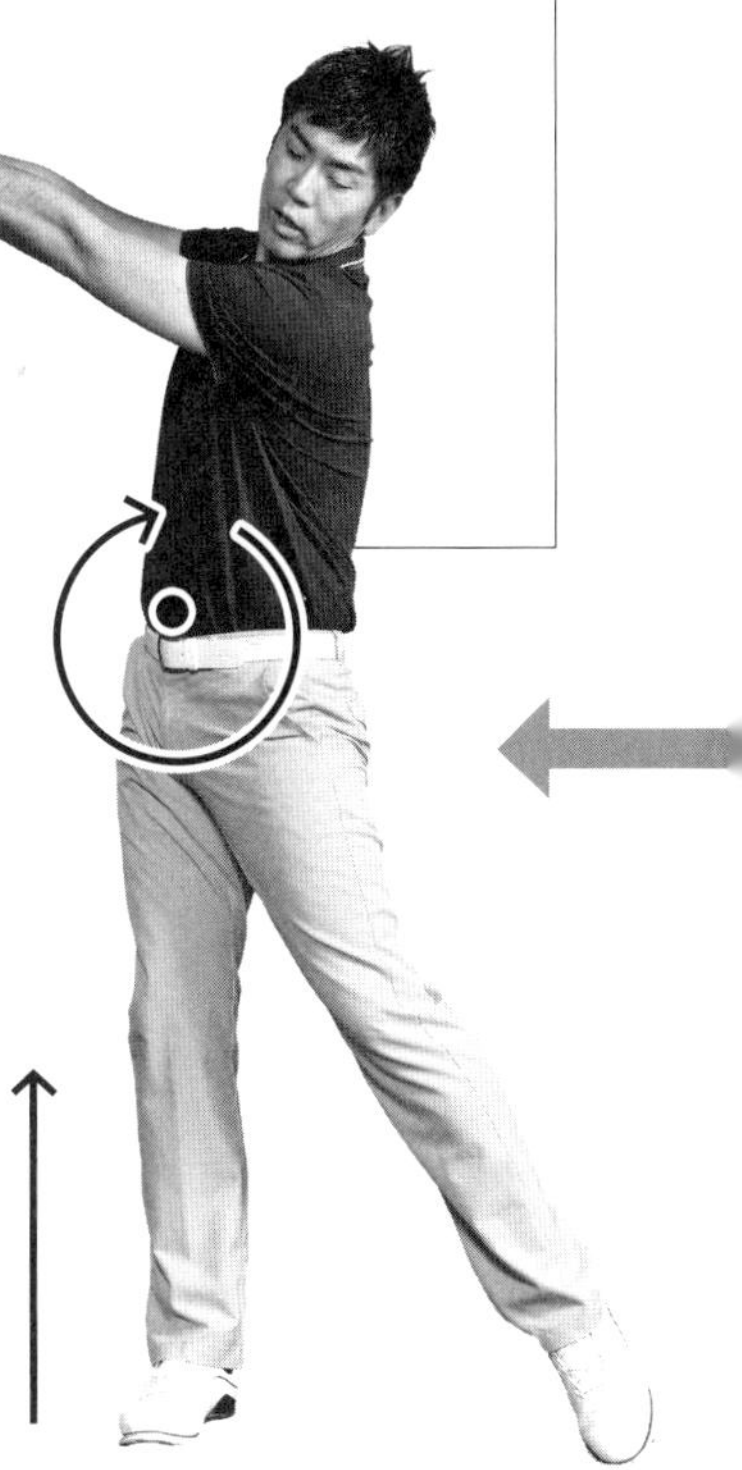

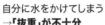

## ドリル⑪ 目標方向に向かってクラブを投げる

素振りの途中、フォローでクラブを放し、目標方向に向かってクラブを飛ばす。危険なので、実際にやるのは難しいが、クラブを飛ばすようなイメージで素振りするだけでも、十分に効果がある。目標方向にクラブを飛ばすには、インパクト後に、「横回転」でクラブを左に引っ張り込むのではなく、「縦回転」で上方向に振る要素を強くする必要があるのがわかるはず。

目標方向に向かって
真っすぐヘッドを出す

×

「横回転」要素が強くなると
クラブが体の左に飛ぶ

◎

「縦回転」要素を強くして
クラブを上方向に振る

## ドリル⑫ クラブを極端に短く持って振る

クラブを極端に短く持ち、その分、前傾を深くして振ると、スイングの「縦回転」要素を感じやすくなる。パッティングストロークのようなイメージで、肩を縦に回すと上手く振れる。テークバックで左わき腹、フォローで右わき腹が強く「縮む」感覚があるが、それが「縦回転軸」(前後軸)による回転には、不可欠の動きだ。

肩が右回転する(テークバック方向に回る)ときには、右足が伸びて、左ひざが曲がる、肩が左回転する(フォロー方向に回る)ときには、逆に左足が伸びて、右ひざが回るという、肩の回転と足の動きの連動性を感じながら行う。

右わき腹を縮めるようにして
肩を左に回転させる
右足が伸びることで
肩を右に回転させる

「地面反力」を使うと、自然な「運動連鎖」がうながされ、効率よくスピードとパワーを引き出せるだけでなく、スイングの「見た目」もきれいになる。実際のスイング写真を見ながら、ポジションごとのポイントを整理してみよう

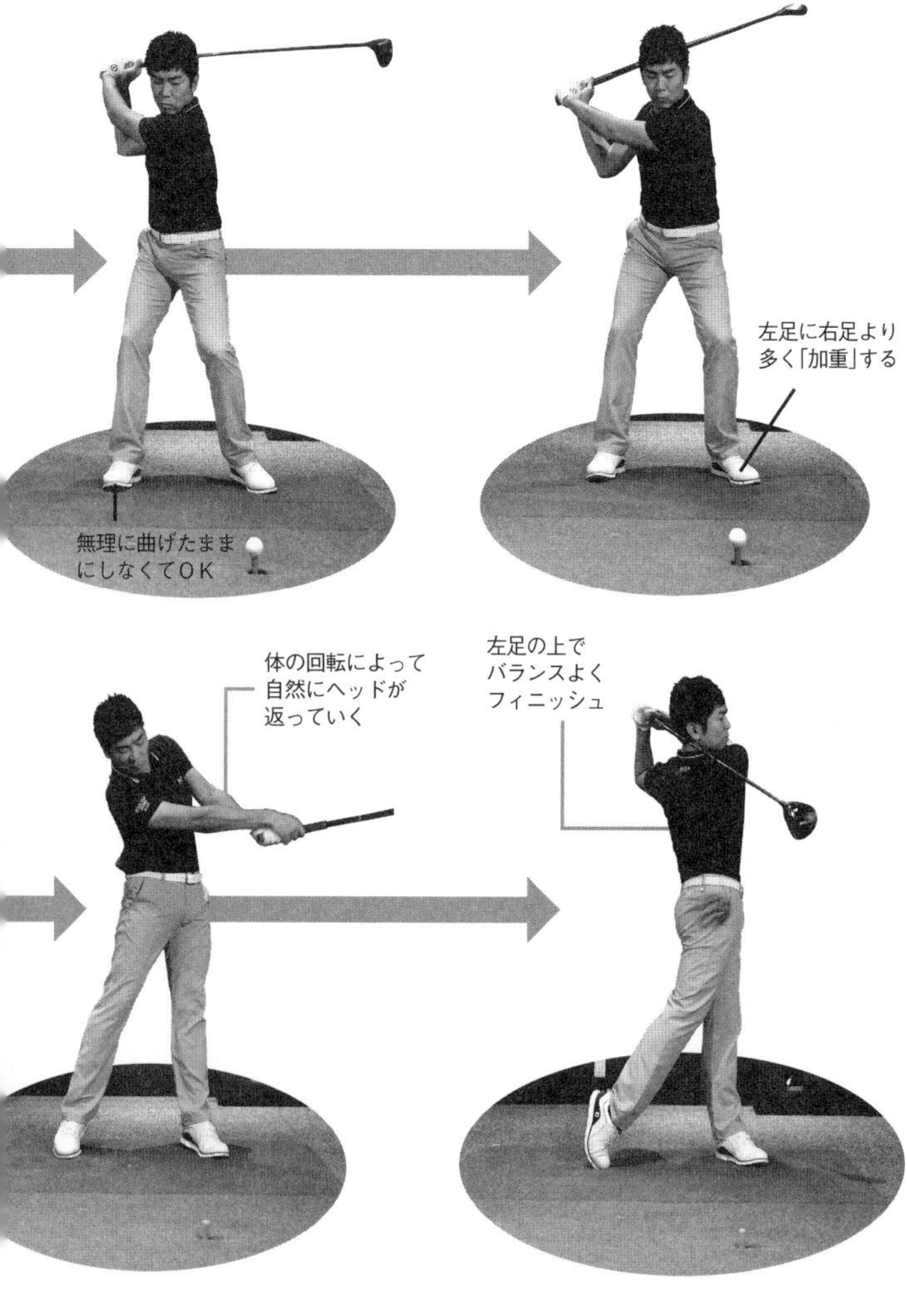

無理に曲げたまま
にしなくてOK
左足に右足より
多く「加重」する
体の回転によって
自然にヘッドが
返っていく
左足の上で
バランスよく
フィニッシュ

# 「地面反力」スイングのポイントをおさらい

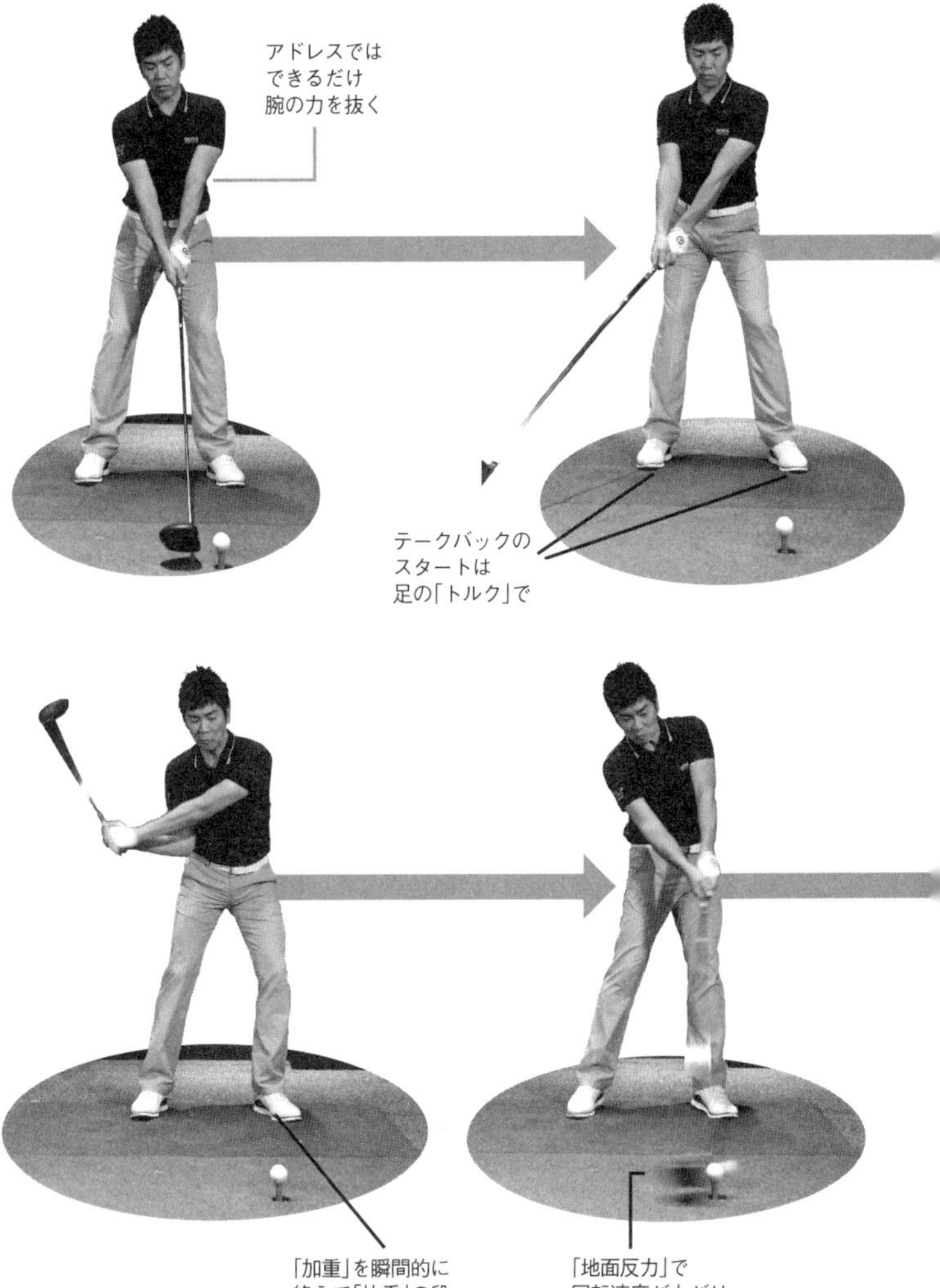
アドレスでは
できるだけ
腕の力を抜く
テークバックの
スタートは
足の「トルク」で
「加重」を瞬間的に
終えて「抜重」の段
階に
「地面反力」で
回転速度が上がり
ヘッドが走る

# おわりに

私がもし、「グラウンド・リアクション・フォース」という言葉に出会わなかったら、また、仮に出会ったとしても、ヤン・フー・クォン教授のセミナーに参加せずに、「地面反力」の本当の意味や使い方を学ばなかったとしたら、プロゴルファー、ティーチングプロとしての私の人生は、まったく違ったものになっていたかもしれません。それほど、「地面反力」というのは、その効果において、ゴルファーに与えるインパクトの大きいものです。私は、個人的にクォン教授に師事し、教授の膨大なリサーチのほんの一端を、一般のゴルファーに伝え続けてきたことで、幸運にも、2019年度の、ゴルフダイジェスト社、「レッスン・オブ・ザ・イヤー」を、教授とともに受賞することができました。これをきっかけに、もっと多くのゴルファーに「地面反力」の使い方を知ってもらい、ゴルフの楽しさを一層感じてもらえるような活動をしていけたらと思っています。

日本のゴルファーは、世界一「真面目」だと、私は思います。熱心に練習場に通い、ラウンドでその成果が出せなかったとしても、決して腐ることなく、また練習場に通う。効果が上がらなくて苦しくても、歯を食いしばってボールを打ち続ける。真面目な日本人気質が、こういうところにも出ているわけです。ですが、私は、そういうゴルファーたちにこそ、ボールを思い通りに打つことの喜びを知ってほしい、自由にスイングすることの楽しさを知ってほしいと、心から思います。また、「地面反力」は、そのための最短、最善の道だと信じています。

本書が、飛距離に悩むすべてのゴルファーの一助となれば幸いです。ひとりでも多くの、「幸せなゴルファー」が生まれますように。

吉田洋一郎

著者
## 吉田洋一郎（よしだ ひろいちろう）

北海道苫小牧市出身。世界のゴルフスイング理論に精通するゴルフスイングコンサルタント。世界4大メジャータイトル21勝に貢献した世界No.1のゴルフコーチ、デビッド・レッドベター氏を2度にわたって日本へ招聘し、世界一流のレッスンメソッドを直接学ぶ。また、欧米のゴルフ先進国に毎年数回おもむき、ゴルフに関する心技体の最新理論に関する情報収集と研究活動を行っている。

欧米の一流ゴルフインストラクター約100人に直接指導を受け、カンファレンス等を含めると200人のインストラクターの指導方法を学ぶ。欧米のゴルフティーチングに関する資格20以上を取得。また、海外メジャーを含めた米PGAツアーへ数多く足を運び、実戦的な試合でのティーチングを学んでいる。最先端の技術を活かしツアープロ、シングルプレーヤーのスイング改善を行っている。

2019年度ゴルフダイジェスト「レッスン・オブ・ザ・イヤー」受賞。

主な著書に『驚異の反力打法～飛ばしたいならバイオメカ』（ゴルフダイジェスト社）、『世界のトッププロが使うゴルフの基本テクニック』（マイナビ出版）、『フォース理論で飛ばす！』（日本文芸社）などがある。

STAFF
◎構成 菅原大成　◎本文デザイン スタイルグラフィックス
◎イラスト 庄司猛　◎撮影 有原裕晶　◎編集協力 株式会社多聞堂
◎校正　聚珍社
◎協力　ヒューゴ・ボス・ジャパン／株式会社フォーティーン／アクシネット・ジャパン・インク

## ゴルフ　地面反力で+20ヤード飛ばす！

著　者　吉田洋一郎
発行者　池田士文
印刷所　萩原印刷株式会社
製本所　萩原印刷株式会社
発行所　株式会社池田書店
〒162-0851
東京都新宿区弁天町43番地
電話　03－3267－6821（代表）
振替　00120－9－60072

落丁、乱丁はお取り替えいたします。

ISBN978-4-262-16605-6



19000005